El azar y la Historia

MEMORIA de la HISTORIA

Episodios

Memoria de la Historia pretende ofrecer a los lectores la Historia contada por quienes la hicieron, por los mismos *personajes* que en vez de figurar en las páginas de los libros como objeto pasivo, adquieren voz y nos cuentan su vida y su peripecia en primera persona. La Historia como una novela personal, autobiográfica, en la que todo lo que aparece en estas páginas es verdad, con hechos ciertos y comprobados, pero que se presentan con la inmediatez y el dramatismo que da al relato la voz del protagonista, supuesto historiador de sí mismo gracias a la pluma de unos escritores que consiguen el difícil y apasionante equilibrio entre los materiales de la crónica, tratados con el máximo respeto, y el enfoque que corresponde a la más amena de las narraciones novelescas. Otra vertiente de estas semblanzas es la evocación de *episodios* del pasado en tercera persona con todo el rigor que exige el trabajo del historiador y la amenidad de la novela.

Éste es el objetivo de una colección que aspira a fundir lo más atractivo que pueden ofrecer la historia y la literatura.

Juan Manuel González Cremona

El azar y la Historia

Planeta

COLECCIÓN MEMORIA DE LA HISTORIA
Dirección: Rafael Borràs Betriu
Consejo de Redacción: María Teresa Arbó, Antonio Padilla, Marcel Plans y Carlos Pujol

Córcega, 273-279, 08008 Barcelona (España)
Ilustración al cuidado de Antonio Padilla
Diseño colección de Hans Romberg
Ilustraciones cubierta: detalle de Clío, musa de la Historia, en «El estudio del pintor», por J. Vermeer, Kunsthistorisches Museum, Viena (foto Aisa); y fragmento de «La Armada Invencible», por N. Hilliard, The Society of Apothecaries, Londres (foto Bridgeman / Index)

Procedencia de las ilustraciones: Archivo Editorial Planeta

Primera edición: febrero de 1994
Depósito Legal: B. 804-1994
ISBN 84-08-01079-4
Papel: Offset Ahuesado, de Papelera del Oria, S. A.
Impresión: Duplex, S. A.
Encuadernación: Encuadernaciones Maro, S. A.
Printed in Spain - Impreso en España

Índice

A Ana María, a quien Dios puso
por azar en mi vida

BREVES CONSIDERACIONES SOBRE EL AZAR

Según el *Diccionario de la Real Academia*, azar, en su primera acepción, significa «casualidad, caso fortuito».

También nos enseña el gran libro que la palabra castellana deriva del árabe *az-zahr*, dado para jugar.

Lo sabía Einstein cuando, en carta a Max Born, incluía la famosa frase: «Usted cree en un Dios que juega a los dados y yo en la ley y el orden absoluto.»

A pesar de la ley de la relatividad y la conmoción que produjo, Einstein era judío.

Creía en un dios de leyes inmutables, propiciadoras de un orden absoluto. Más o menos lo mismo creen todas las grandes religiones monoteístas.

Pero hay una importante distinción: los islámicos creen en la predestinación. Que Dios ha dispuesto las vidas de todas sus criaturas hasta el final de los siglos. Que «todo está escrito», como suele decirse.

Más cautas, las religiones cristianas hacen hincapié en el libre albedrío. Dios «supervisa» la vida de sus criaturas, pero dejándoles un amplio margen de libertad.

Todo lo cual nos lleva a preguntarnos si realmente existe el azar, o lo que así llamamos estaba también dentro de los designios de Dios; estaba predeterminado.

Al menos en uno de los hechos que presentamos en este libro —el accidente que costó la vida a Enrique II—, la duda se impone.

Cuatro años antes de que ocurriera el lance mortal, Nostradamus lo predijo con inquietante exactitud.

Puede, desde luego, hablarse de coincidencia, pero la duda persiste.

Aunque —nos apresuramos a aclarar— nosotros creemos en la existencia del azar como una de las consecuencias de la libertad que Dios nos ha concedido.

Lo dice mucho mejor el imprescindible Ortega y Gasset: «La vida nos es dada, puesto que no nos la damos a nosotros mismos, sino que nos encontramos en ella de pronto y sin saber cómo. Pero la vida que nos es dada no nos es dada hecha, sino que necesitamos hacérnosla nosotros, cada cual la suya. La vida es quehacer... nos encontramos siempre forzados a hacer algo determinado, que no nos es impuesto este o el otro quehacer...»[1]

Podemos elegir, dar un espacio propio, casi una entidad propia al azar.

Aunque el aplicado Montaigne titula un capítulo de sus *Ensayos* «De cómo la fortuna sigue con frecuencia a la razón», a renglón seguido nos dice: «La inconstancia y diversidad de la fortuna hacen que nos presente diversos rostros... En ocasiones parece que la suerte se burla de nosotros.»[2]

Ilustra su condicionada afirmación con el relato de lo acaecido a los señores De Estree y De Licques. Ambos hacían la corte a la hermana del señor de Foungueselles y eran enemigos entre sí. En la lucha ganó el de Licques y se casó con la disputada doncella, pero «el mismo día de las bodas —y, lo que fue peor, antes de acostarse— quiso el casado romper una lanza en honor de su nueva esposa, y salió a escaramucear cerca de Saint-Omer, donde el señor De Estree, que tenía más fuerza, lo hizo prisionero».

Felizmente, a ruego de la todavía doncella, el captor liberó a su prisionero, «que nunca la nobleza francesa rehúsa nada a las damas».

1. Ortega y Gasset, *Obras completas*, tomo 6, primera reedición. Alianza Editorial-Revista de Occidente, Madrid, 1989.

2. Montaigne, *Ensayos completos*, tomo I, ediciones Orbis, S. A., Barcelona, 1985.

En fin, a lo largo de las páginas que siguen, veremos cómo gracias a un aldeano hay hoy unos cuantos millones más de católicos y cómo una puerta abierta ha hecho que aumentaran en similar proporción el número de los seguidores de Mahoma.

¿Queremos demostrar en este libro que Dios reparte por igual la suerte de sus dados, equilibrando los resultados del azar?

De ninguna manera. Sólo pretendemos contar, de la forma más amena posible, una serie de hechos que en mayor o menor grado han alterado la que parecía previsible marcha de la Historia.

CORTINA IMPERIAL

Tiberio Claudio Druso Nerón Germánico era el tonto de la familia. Aunque no de cualquier familia, ya que descendía de dioses; su tío abuelo, el gran emperador Augusto, lo era y también su esposa, Livia, que era su abuela materna.

Cuando Livia, a los tres meses de su matrimonio, dio a luz al que sería el padre de Claudio, los romanos comentaban muy sonrientes que «a los hombres dichosos les nacen hijos de tres meses».

Claudio era un niño débil y enfermizo, en constante lucha con la muerte que todos veían muy próxima para él. Sin embargo, como suele suceder con muchos niños débiles y enfermizos, Claudio sobrevivió.

Era tartamudo, introvertido, desconcertante y aunque había estudiado griego y letras latinas, sólo incoherencias lograba expresar en ambas lenguas.

Por aquel entonces en Roma reinaba Tiberio, su tío, quien se cuidaba muy bien de conferir dignidades al tonto. O, mejor dicho, le concedió los ornamentos consulares pero ningún consulado.

Claudio, convencido de que no había futuro para él en la ciudad de las siete colinas, se recluyó en una casa de campo, «en compañía de los hombres más abyectos, añadiendo a su propia reputación de imbécil la vergonzosa fama de jugador y borracho». *Suetonio dixit*.

Por si pueden quedar dudas sobre la opinión que merecía a quienes mejor lo conocían, diremos que su propia madre decía de él que era una «sombra de hombre, infame aborto de la naturaleza».

Como, de todos modos, estaba muy bien situado en la línea dinástica, Tiberio se preocupó muy especialmente de cerrarle el camino. En su testamento, además de legarle dos millones de sestercios, le relegó a la tercera categoría de sus herederos.

A Tiberio lo sucedió nada menos que Calígula, que era sobrino de Claudio. En principio, el cambio favoreció a éste, ya que el nuevo emperador le confirió la dignidad de cónsul.

Se dice que el día de su presentación en el foro un águila se posó en su hombro derecho. Extraordinario evento, de cuya verosimilitud nos permitimos dudar.

Aunque, como tantos otros, comenzó su reinado intentando contentar a todos, Calígula no tardó en hacer honor a la fama que aún hoy tiene.

En su vida privada fue escaparate de todos los vicios, comenzando con relaciones incestuosas con sus tres hermanas, en especial con una de ellas, Drusila, a la que trató como esposa hasta la temprana muerte de la muchacha.

Como emperador hizo todo lo que podía esperarse de un paranoico delirante. Desde obligar a los espectadores del circo a soportar los rayos inmisericordes del sol romano sin la protección de los toldos, que había ordenado quitar, hasta asesinar, por terceros o por propia mano, a quien se le ocurría.

Convencido —por los obsecuentes tanto como por su locura— de que era un dios, hizo poner su cabeza a muchas estatuas de Júpiter, con quien conversaba a menudo. En una oportunidad se le oyó exigirle: «Pruébame tu poder o teme el mío.» Su frase favorita, tomada de una tragedia de moda, era «Que me odien con tal que me teman.»

Muchísimos tiranos de ayer y de hoy la han adoptado y puesto en práctica con satisfactorios resultados.

Bien conocida es la predilección que sentía por su caballo favorito, *Incitato*. El nombre significa «de carrera veloz», y por cierto que el animal hacía honor a él, ya que nunca perdió una competición. Aunque, de haberla perdido, fácil es adivinar lo que hubiera ocurrido al ganador y a su propietario.

Incitato tenía casa con sala y dormitorio de mármol y marfil, «vajilla» de oro y criados. Su amo lo hizo ciudadano romano, primero y después, senador y cónsul. Cuando se proclamó dios, designó a un selecto grupo de sumos sacerdotes, entre los que se contaba su esposa, Cesonia, el tío Claudio, un grupo de cónsules y el caballo.

Por el honor de la designación, cada sacerdote tenía que entregar al dios 80000 piezas de oro, por lo que todos los equinos del imperio tuvieron que pagar un tributo para que *Incitato* pudiera realizar su aporte.

Una «hazaña», que describe Graves, resume muy bien la personalidad de Calígula.

Ordenó que todos los barcos de mayor tonelaje fueran concentrados en la bahía de Nápoles, logrando reunir 4000 embarcaciones. Anclados borda contra borda, en doble hilera, cerró la bahía. Cubriendo con tablones las cubiertas y agregando tierra apisonada obtuvo una auténtica carretera.

Con más barcos traídos de todas partes y amarrados por grupos junto a la «carretera» creó cinco islas a las que proveyó de tiendas, jardines, alimentos y población. Cuando la magna obra estuvo terminada dio comienzo la función.

Montando a *Incitato* y blandiendo la espada de Julio César, Calígula cruzó el puente; tras él venía la guardia imperial, interminables columnas de caballería y, cerrando el colosal desfile, veinte mil infantes.

Ya próximo a alcanzar la orilla opuesta, el emperador lanzó su caballo al galope y seguido por su ejército se lanzó sobre la ciudad costera de Puteoli como si fuera a destruirla hasta sus cimientos. Felizmente no le ocasionó daño material, aunque sí económico.

Al día siguiente desanduvo el camino, esta vez en carroza, tirada por *Incitato* y su esposa *Penélope* (Calígula en persona los había casado en solemne ceremonia). Le seguía una interminable fila de carros cargados con lo que se suponía era el botín de la batalla, en realidad objetos de valor rapiñados en las casas de los ricos de Puteoli. También había esclavos que representaban ser prisioneros y, por supuesto, todo el ejército.

El emperador no completó el trayecto, deteniéndose en la mayor de las cinco islas. Allí comenzó repartiendo monedas de oro entre los soldados y de plata entre el pueblo, para continuar con banquetes y bebidas hasta que, adecuadamente borracho, ordenó a su guardia que lo siguiera y, espada (de Julio César) en mano, obligó a los «habitantes» de la isla a echarse al mar. Se ahogaron entre doscientos y trescientos.

La fiesta aún no había terminado. Enardecido por sus reiterados triunfos, lanzó un ataque naval contra otra de las islas.

Cortando la «carretera» y embistiendo con sus barcos a la frágil «isla», la fue destrozando hasta quedar sus pobladores concentrados en un espacio muy reducido; en realidad, un solo barco. Contra él cargó la nave capitana atacante, comandada, como es de imaginar, por el mismo Calígula, quien, ahora con tridente en mano, se encargó de que su victoria fuera completa. En una palabra: que no quedaran sobrevivientes.

Conviene decir para completar la anécdota que, según opina Graves, Neptuno decidió vengarse de Calígula quien le había tachado de cobarde por no atreverse a enfrentarse con él agitando el mar. Muy poco después de la gran fiesta lo agitó de tal manera que un millar de barcos se fueron a pique y la mayoría de los restantes quedaron seriamente averiados.

Como esos navíos eran los que llevaban a Nápoles el trigo de Egipto, los napolitanos recordaron durante muchos años el espectáculo y a su artífice.

Claudio, entretanto, era un poco el bufón de palacio. Cuando Calígula organizaba algunas de sus frecuentes orgías —en las que solía ofrecer sus hermanas a los senadores—, su tío ejercía de portero, alcahuete o, pese a su cojo cuerpo, guardián del orden. Todos se reían mucho de su tartamudez y cojera y también se reía él de sí mismo, no se sabe bien si por abyección, imbecilidad o inteligencia.

Una noche fue urgentemente convocado a palacio e introducido, en compañía de otros dos nobles, en una sala en penumbra, custodiados los tres por guardias imperiales. Los invitados-prisioneros tuvieron la certeza de que su fin era inminente.

Sin embargo, con las primeras luces del amanecer los sacó de sus amargos pensamientos la alegre música de címbalos y oboes. Entró en la sala un grupo de esclavos con lámparas, se oyó una castrada voz que entonaba una canción de moda y, contoneándose en lo que pretendía ser una danza lasciva, apareció una pintarrajeada danzarina. Era Calígula, por supuesto.

Representaba a la diosa del Alba, que arrancaba de su sueño a dos amantes que pronto aparecieron en escena, apropiadamente desnudos.

Empezando a creer que no morirían ese día, los tres espectadores coincidieron en que era el espectáculo más hermoso que habían visto sus ojos y que sólo un dios verdadero y grande pudo haber concebido y realizado.

Calígula, satisfecho, dijo a su tío que la por él despertada amante se llamaba Mesalina y que se la daba en matrimonio. Claudio ya tenía esposa, pero, en aquellos tiempos, eso no era problema. Por otra parte, el novio llegaba a la cincuentena y la joven, además de serlo, era bellísima.

Se casaron, y no se puede decir que fueran muy felices, pero, al menos en los comienzos, el marido disfrutó mucho.

Alrededor del año 40 d.C. las locuras del emperador ponían en serio peligro al imperio. Se habían sofocado las rebeliones de los galos, pero otras estallaban en Alejandría y Palestina, en tanto la misma Roma bullía de indignación ante los constantes crímenes, injusticias, orgías, exacciones, con los que Calígula atormentaba a sus súbditos, sin hacer diferencias entre nobles y plebeyos a la hora de esquilmar y matar.

Eran muchos los que pensaban que no había otra solución que la muerte del déspota, aunque muy pocos los que se atrevían a poner manos a la obra. Pero, como suele ocurrir cuando la situación lo exige, la conspiración latente terminó por encontrar adecuado líder en la persona de Casio Querea, tribuno de la guardia y héroe militar.

A Casio le correspondía la jefatura de la guardia imperial pero Calígula se la otorgó a un joven capitán porque fue capaz de beberse diez litros de vino de un solo trago.

Además lo humillaba obligándolo a realizar las tareas más indignas: desde cobrar deudas inexistentes hasta torturar a muchachas que ningún mal habían hecho a nadie.

Por simple diversión, el césar decidió que Casio era homosexual, así que lo obligaba a transmitir a sus subalternos contraseñas del tipo de «Tenacillas de rizar» o «Bésame, sargento», que él mismo inventaba.

Cuando, harto de sufrir humillaciones y contemplar crímenes, Casio decidió acabar con el tirano, no le faltaron oficiales dispuestos a seguirlo.

Por esos días comenzaba el Festival Palatino, varias jornadas de continuada diversión, con carreras de cuadrigas, luchas de gladiadores y fieras, teatro, danza y hasta espectáculos náuticos, que, como sabemos, eran muy del gusto de Calígula.

Los conjurados decidieron aprovechar la inevitable confusión que la fiesta provocaría y acabar con su vida al término del primer día del festival.

Sin embargo, por defecciones y otras causas, la acción se retrasó hasta el último.

En la histórica jornada del 24 de enero del año 41 d.C., Mnester, actor predilecto del emperador, representaba en su honor la tragedia *La muerte del tirano*.

Cuando terminó su actuación, tras recibir los besos de Calígula y entre las ovaciones del público, Mnester fue acompañado hasta su camerino por Casio y un coronel conjurado apodado *el Tigre*. Aparentaban proteger al actor de los excesos de sus fans, pero en realidad lo hacían para separarse de Calígula sin despertar sus sospechas y así poder ocupar las posiciones previamente acordadas. Confundidos entre la multitud, varios oficiales los seguían.

Calígula y su séquito abandonaron el palco para dirigirse a palacio, donde les esperaba un suculento almuerzo. Claudio, hambriento, se adelantó a la lenta comitiva cubriendo en muy pocos minutos la corta distancia que lo separaba de los manjares. El no ver a nadie en el comerdor le sorprendió, pero sólo levemente porque su única preocupación era comer.

Hay que decir que el rumor de la conjura había circulado con profusión en la corte y todos se habían cuidado muy bien de permanecer alejados de palacio, temerosos de morir a manos de la fanatizada guardia germana, cuya furia al enterarse de la muerte de su adorado amo era de prever.

Hemos dicho que todos estaban más o menos al tanto de lo que se tramaba, pero hay que hacer una necesaria puntualización: todos menos Claudio. Como tío que era de Calígula, Casio y los suyos se cuidaron de que no llegara a sus oídos lo que planeaban; en cuanto a los nobles y gentes de la corte, despreciaban al cojo, tartamudo y tonto lo suficiente para no pensar en él a la hora de contar secretos de estado.

Calígula salió del teatro en silla de manos; tenía que atravesar un pasaje abovedado para llegar a palacio, y en él lo esperaban Casio y los suyos, acompañados por algunos soldados leales.

El primer golpe, no mortal, lo dio el mismo Casio; el segundo, *el Tigre*. Caído el déspota, todos los conjurados hundieron sus hierros en el odiado cuerpo.

No había acabado de morir Calígula, cuando ya cargaban sobre conjurados y pueblo grupos de enloquecidos germanos.

Mataron a cuantos pudieron, incluidos dos senadores que nada habían tenido que ver con el asesinato, pero Casio y la mayoría de sus oficiales pudieron escapar.

Sedientos de sangre, los germanos entraron en tropel en el teatro, donde todavía permanecían miles de espectadores; cerraron las puertas y se disponían a matarlos a todos, cuando Mnester tuvo una inspiración genial.

Haciendo que un corneta tocara atención, como si

estuviera a punto de llegar el emperador, logró inmovilizar momentáneamente a los atacantes; entonces apareció en el escenario y dijo que Calígula estaba vivo, sus heridas curadas y que hablaba en esos momentos al pueblo. Los germanos se fueron a la carrera en busca de su amo y el pueblo pudo escapar hacia sus casas.

Vacío de nobles, en palacio sólo había soldados que, no bien enterarse de la muerte del emperador se dedicaron a saquearlo.

Claudio, solo en el comedor, al oír gritos de furor, entrechocar de hierros y carreras desenfrenadas, no se preguntó qué podía haber pasado limitándose a aterrorizarse.

Hubiera querido escapar de palacio, pero no se atrevió a tanto. Sin saber qué hacer, con la lentitud de reflejos que era una de sus características más acusadas, sólo atinó a salir del comedor a la galería vecina y allí ocultarse tras una cortina que no llegaba hasta el suelo, por lo que sus pies quedaban a la vista, así que de inmediato fue descubierto por dos soldados, cuya primera intención fue matarlo.

No lo hicieron porque uno de ellos lo reconoció y dijo a su compañero que era «un viejo inofensivo». A empujones, se lo llevaron con ellos al gran salón, donde un «soviet» de sargentos y soldados, en confusa asamblea, estaba discutiendo si Roma seguiría siendo imperio o se convertiría en república.

La llegada del cojeante y aterrorizado Claudio decidió la cuestión. Primero un sargento y después varios más opinaron a gritos que un emperador era lo que Roma necesitaba, y que ese césar bien podía ser «el viejo Claudio, que al menos no hará mal a nadie».

Por aclamación, el «soviet» consagró emperador al hasta entonces poco más que bufón de la corte.

Se temía la reacción de los todavía furiosos germanos, pero los sargentos no eran tontos. Sabían que, por encima de todo, los guerreros del norte eran disciplinados.

Llevaron a Claudio en litera al patio de honor y

cuando los germanos irrumpieron en él hicieron tocar a los cornetas el saludo imperial, mientras coreaban: «¡Salve, emperador Claudio!» Tras sólo unos segundos de desconcierto, los temibles recién llegados se unieron al coro.

Contra todo pronóstico, Claudio realizó un buen gobierno. Expandió las fronteras del imperio hacia el norte y el sur, anexando Mauritania y hasta yendo en persona a luchar en Bretaña; impulsó notables avances en el sistema judicial y buscó siempre la paz y el bienestar de su pueblo.

No fue tan afortunado en la elección de última esposa. Después de haber ordenado la ejecución de su bella Mesalina, acusándola de conspiración, desposó a su sobrina Agripina, adoptando como propio al hijo de ésta, Lucio Domicio, quien lo sucedería en el trono con el más conocido nombre de Nerón.

No sólo por esto fue infortunado su último matrimonio. El 13 de octubre del año 54, con sesenta y cuatro años de edad, el emperador Claudio moría envenenado por una seta que le había dado a comer su adorada Agripina.

EL AGUA DE LA PALANGANA

Éste es un breve apunte sobre el ascenso y caída de dos mujeres extraordinarias —aunque nada ejemplares— que dominaron Roma y el Vaticano durante buena parte del siglo x. Se llamaban Teodora y Marozia, y eran madre e hija.

También eran esposa e hija, respectivamente, de Teofilato, senador y uno de los hombres fuertes de la Ciudad Eterna. La familia procedía de la cercana Tusculum y a Roma se trasladó en los últimos años del siglo IX.

Para la Iglesia eran tiempos terribles. Entre 896 y 904 se sucedieron —o superpusieron— siete papas y un antipapa. En ese lapso tuvo lugar el llamado Sínodo Horrendo, en el que fue desenterrado el cadáver del papa Formoso para sentarlo en un trono y juzgarlo. Como se lo halló culpable de múltiples delitos, su cuerpo fue arrojado a las aguas del Tíber.

Uno de los papas en liza era Sergio, tercero de ese nombre. Combatido por otras facciones, tuvo que huir de Roma, iniciando un exilio que duraría seis años.

Sergio había contado desde siempre con el apoyo de los Teofilato, quienes se mantuvieron de su lado durante el exilio y aportaron dinero y soldados para asegurar su regreso a la silla de Pedro, lo que ocurrió en 904.

A partir de ese momento es cuando las mujeres Teofilato entran en escena.

Desplazando a su marido, Teodora se convierte en «señora» de Roma gracias al poder que ejerce sobre Sergio III y que deriva de ser su hija, Marozia, amante oficial del papa.

El poder político de Teodora es prácticamente absoluto y puede decirse sin exageración que es ella quien «hace y deshace» en Roma. Pero Sergio muere muy pronto y sus enemigos se apresuran a festejar el final de su «reinado».

Se apresuran excesivamente porque ella logra que sea uno de sus incondicionales quien suceda al fallecido pontífice.

La muerte se llevará a este nuevo papa cuando hacía no más de un año que lo era, pero Teodora, inmune al desaliento, consigue sentar en la silla a otro de los suyos. Que, como el anterior, sólo la ocupará doce meses.

Agrandándose ante la reiterada adversidad, la digna matrona romana impone su tercer papa «propio». Se trata esta vez, según el famoso pero no siempre exacto Liutprando, obispo de Cremona, de un joven amante de Teodora, ex párroco de Rávena, y a quien ella había hecho obispo.

Querer era poder para la matrona, así que, casi sin oposición, el clérigo se convirtió en Juan X en 914.

A todo esto Marozia, que aún no había cumplido los veinte años y era toda una belleza, «esperaba destino», mientras criaba a Juan, el hijo que tuviera con Sergio III.

Su «destino», al menos el más inmediato, fue un guerrero de nombre Alberico, que fue casado con la chica porque a su madre le interesaba el apoyo militar que podía proporcionarle.

Juan X resultó ser un brillante estadista, Alberico un valeroso militar, y como Teodora no era nada tonta, entre los tres gobernaron *urbi et orbe*, haciendo lo que les vino en gana, lo que no quiere decir que todo lo que hicieran fuese malo.

Marozia, durante esos tranquilos años, se dedicó a

criar a sus hijos, que ya eran dos por haber tenido otro con su marido, quien, además de la vida, le dio el nombre: Alberico.

Los sarracenos, como entonces se les llamaba, habían invadido Italia tiempo atrás y lentamente se acercaban a Roma. Cuando llegaron a menos de cincuenta kilómetros de ella, sus gobernantes decidieron que había llegado el momento de detenerlos.

Eran los tiempos de la *pax teofilata* —924—, así que la momentánea ausencia de luchas intestinas permitió concentrar los esfuerzos de toda Roma y de buena parte de la península en la formación de un ejército que fue capaz de vencer y expulsar a los invasores. Mérito, sin duda, del triunvirato Juan-Alberico-Teodora (o viceversa).

Hubo regreso triunfal a Roma pero, curiosamente, a partir de ahí desaparecen de la escena, y seguramente del mundo de los vivos, Alberico, Teodora y su complaciente esposo, Teofilato.

De Alberico se dijo que, ensoberbecido por su triunfo, expolió de tal forma a los romanos que éstos, hartos, dispusieron de él.

En cuanto a los padres de Marozia, o se retiraron a sus posesiones de Tusculum, lo que es improbable, o fueron discretamente evaporados por ella para evitar obstáculos en su camino, lo que es muy probable.

Porque la chica tenía planes. Entre ellos tener papa «propio» pero no nombrando incondicionales o amantes, como su madre, sino sentando en la silla de Pedro a uno de su propia sangre. Concretamente a Juan, su hijo mayor, que también lo era de Sergio III.

Marozia quería crear una dinastía papal Teofilato y, aunque no exactamente con la línea sucesoria que imaginara, hay que decir que lo consiguió.

Para su segundo hijo, Alberico, no tenía planes definidos porque, en verdad, no le tenía cariño. Era un niño dócil y tranquilo, lo que explica que no cayera bien a su inquieta progenitora.

Claro que para elevar a Juan hasta la silla de Pedro, antes había que quitar de ella al otro Juan que la ocupaba, todavía joven y muy sano.

Como hemos dicho, el pontífice era excelente estadista y hombre valiente pero los mutis de Teodora y Alberico lo habían privado de apoyos políticos y militares por lo que su posición era vulnerable.

Esto lo sabía muy bien Marozia y por eso comenzó a atacarlo abiertamente, valiéndose de sus múltiples influencias —obtenidas en el lecho, según Liutprando— y de la inagotable bolsa de los Teofilato.

Consciente del peligro y de su casi absoluta orfandad en materia de apoyos, Juan X buscó el del poderoso Hugo de Provenza, a quien prometió hacer rey de Italia si lo mantenía en la Santa Sede. Para convenir los términos del acuerdo, el papa se desplazó a Rávena.

Ése fue el momento que eligió Marozia para dar su gran golpe. Actuando con encomiable rapidez, ofreció su mano al hermanastro de Hugo, Guy, señor de Toscana, quien —por pasión, miedo, ambición o las tres cosas juntas— con la misma rapidez se apresuró a tomarla.

Brevísima debió de ser la luna de miel porque cuando Juan X regresó a Roma se encontró con su castillo de Sant'Angelo, llave de la ciudad, ocupado por las tropas del nuevo esposo de Marozia.

De todos modos, el papa pudo mantenerse en su cargo durante dos años, aunque ello pudo deberse más a la todavía demasiado corta edad de su presunto sucesor que a méritos propios.

Al cabo de los dos años de gracia, la amantísima madre promovió uno de esos motines a los que tan afectos eran por entonces los romanos, y el resultado fue Juan X en una mazmorra de Sant'Angelo. En ella sobrevivió durante casi un año, hasta que Marozia, en acto casi piadoso, ordenó poner fin a sus sufrimientos.

Tres años más tarde vio cumplido el gran sueño: su hijo, con poco más de veinte años, era ya el pontífice Juan XI.

Las tentaciones romanas y los evidentes encantos de su esposa habían hecho mella en el espíritu guerrero de Guy por lo que ya no era útil a Marozia, que necesitaba más que nunca una espada capaz de mantener en el trono a su hijo.

Guy, simplemente, desapareció. Y nadie se molestó en buscarlo.

Necesitando una espada, Marozia no dudó en recurrir a la mejor, la de Hugo de Provenza, hermano del «desaparecido», el mismo que había convenido apoyar a Juan X a cambio de que éste lo hiciera rey de Italia.

Las ventajas que tal boda reportaría a ambos contrayentes saltaban a la vista. Hugo sería más que rey, emperador de la cristiandad, ya que era el papa quien confería tal dignidad, y Marozia dispondría del mejor ejército de la península. Además de ser emperatriz, naturalmente.

Claro que antes había que superar un par de pequeños obstáculos: Hugo era hermanastro del desaparecido Guy, lo que convertía la boda con su viuda en un incesto, y, aunque eso no fuera demasiado importante, tenía esposa viva y gozando de buena salud.

Pero todos los obstáculos pueden vencerse si hay voluntad. En este caso la había. Hugo hizo pública declaración de que su hermanastro Guy era bastardo; como otro de los hermanos se enfureció ante el insulto que se hacía a su madre, ordenó que le sacaran los ojos.

En cuanto a la esposa, fue más fácil todavía: sencillamente la hizo matar.

Una vez despejado el camino, marchó a Roma al frente de su poderoso ejército y pronto pudo estrechar entre sus brazos a la mujer amada.

Conviene puntualizar que, para no inquietar a los siempre inquietables romanos, había dejado sus tropas fuera de las murallas de la ciudad.

La solemne boda se celebró en el castillo de Sant'Angelo y ni que decir tiene que fue oficiada por el sumo pontífice, Juan XI, a quien no le temblaron las consagradas manos para unir en matrimonio a tamaña pareja.

Entre los que contemplaban la ceremonia estaba Alberico, el hijo olvidado, que seguramente se preguntaría si entre los que había mandado matar su madre estaría también su padre.

Los contrayentes no pensaban en muertos, sino en las coronas imperiales que muy pronto ambos ceñirían.

El sueño de Marozia se hacía realidad: los Teofilato, dueños de los cuerpos y las almas de toda la cristiandad.

En cuanto a Juan XI, concedámosle que estuviera pidiendo a Dios que le conmutara el infierno infinito por un finito purgatorio.

En los días que siguieron a la boda, una sucesión ininterrumpida de fiestas, generalmente celebradas en Sant'Angelo, advirtieron a los romanos, nobles y plebeyos, que una nueva dinastía, llegada para quedarse, se disponía a gobernarlos y que mejor era poner cara alegre.

Así lo hicieron casi todos, pero no Alberico. A sus oídos había llegado el rumor de que Hugo de Provenza, dispuesto a no compartir su poder más que con Marozia, consideraba la presencia del hijo de quien fuera héroe de Roma un peligro que había que eliminar.

Sabiendo como sabía que su madre no movería un dedo en su favor, hay que convenir en que el adolescente no tenía muchos motivos para estar alegre.

Pero cumplía con su deber concurriendo puntualmente a todas las fiestas.

Estaba en una de ellas cuando su madre le hizo señal de que se acercara, lo que no dejó de sorprenderle porque no era habitual que se acordara de él.

Demasiado pronto supo que no debía alegrarse por la llamada. Arrancando una palangana de las manos de un sirviente, la entregó a su hijo ordenándole que la pusiera ante su «nuevo padre» para que se lavara las manos.

La humillación era excesiva hasta para el siempre humillado Alberico, pero él hubiera hecho lo que se le ordenaba porque nunca había osado rebelarse ante su todopoderosa madre, cuando el azar decidió intervenir.

Fuera por su nerviosismo o por alguna irregularidad del suelo, tropezó y, en el esfuerzo por mantener el equilibrio, parte del agua contenida en la palangana se derramó a los pies de Hugo de Provenza.

Como si el trivial incidente hubiera sido el revulsivo que necesitaba, Alberico arrojó el resto del agua a su «nuevo padre», quien, con rapidísimos reflejos, comenzó a abofetearlo casi antes de que el líquido entrara en contacto con sus ropas.

No por cobardía, sino para encontrarse con su destino, el joven salió a la carrera del salón y desde lo alto de una de las escaleras del castillo, a cuyo pie estaban los romanos a la espera de los restos del festín, los llamó a la rebelión.

Según Liutprando, éstas fueron sus palabras: «Roma ha caído tan bajo que ahora está gobernada por una prostituta. La impudicia de una mujer está llevando a Roma a su ruina y los que eran nuestros esclavos son ya nuestros amos. Si Hugo de Provenza se atreve a golpearme a mí, su hijastro, cuando acaba de llegar como invitado a la ciudad, ¿qué creéis que será capaz de hacer cuando sea su dueño?»

Porque compartían sus temores y porque odiaban a Marozia y a Hugo de Provenza, los romanos siguieron a Alberico.

Tras él penetraron en el castillo, dominaron fácilmente a los escasos guardias y entregaron a Marozia y a Juan XI al que ya reconocían como su caudillo.

No pudieron entregarle a Hugo de Provenza porque éste, al oír los primeros gritos, abandonó amada esposa, lujoso palacio y corona imperial, descolgándose con una cuerda por los muros y corriendo a reunirse, más allá de las murallas, con su inútil ejército.

Claro que pudo haber vuelto con él a Sant'Angelo y acabar con la rebelión en unos minutos, pero el valiente guerrero sólo pensó en picar espuelas y refugiarse en sus tierras provenzales.

Contra lo que pudiera temerse, Alberico no mató ni mandó matar a su madre. Se limitó —y ya era bastante— a encerrarla de por vida en los espantosos calabozos subterráneos de Sant'Angelo, donde languideció lentamente hasta morir.

A su hermanastro, Juan XI, lo mantuvo en la Santa Sede, pero quitándole el poder temporal que ejerció él mismo.

Tal situación se prolongó veinte años y todos los historiadores coinciden en que durante ellos la Iglesia logró rehacer casi todo lo que se había deshecho en las funestas décadas anteriores.

Como señor de Roma, Alberico gobernó con prudencia y sabiduría. Fue reverenciado por sus contemporáneos, y lo sería más por la Historia de no haber caído al final de sus días en el «síndrome Teofilato».

También él quiso, como su madre, crear una dinastía que uniera en un solo cetro los poderes temporales y espirituales, poniendo en el gobierno de la Iglesia y de Roma a su hijo Octaviano, quien ocupó el solio con el nombre de Juan XII.

Un error, sin duda, pero que no le quita el mérito de haber sabido aprovechar un paso en falso para volver al buen camino a los ocupantes de la silla de Pedro.

LA CONCEPCIÓN DE JAIME EL CONQUISTADOR

El gran rey de Aragón y Cataluña, Jaime I, nació en 1208, hijo del rey Pedro II y de María de Montpellier. Era hombre llamado a grandes destinos y así lo adivinó su madre, quien confió a Dios hasta la elección del nombre de su hijo.

Para ello hizo encender doce grandes cirios, todos de igual altura y grosor, y a cada uno asignó el nombre de un apóstol anunciando que daría a su hijo el nombre del que más tiempo ardiera. Ganó Jaime (Santiago) y así se incorporó a la monarquía ibérica un nombre extraño que, gracias a su primer poseedor, todavía hoy tiene resonancias épicas.

Pedro II odiaba a su esposa, con quien se había casado para hacerse con su riquísima dote —Montpellier—, y nunca amó a su hijo, a quien puso bajo la custodia del poderosísimo Simón de Montfort cuando apenas podía sostenerse sobre sus piernas.

Mientras Pedro luchaba contra los invasores islámicos, el de Montfort ocupó buena parte del sur de Francia, tierras cristianas y de feudatarios o amigos del monarca catalano-aragonés, así que éste le declaró la guerra, pero fue derrotado y muerto en la decisiva batalla de Muret cuando Jaime tenía cinco años.

A partir de ese momento el niño fue rey pero, recordémoslo, estaba en poder del que había matado a su padre, quien quería casarlo con una de sus hijas y se negaba a entregarlo. Tuvo que intervenir el papa Inocencio III para que fuera liberado.

Puesto bajo la protección de los templarios en el castillo de Monzón, cuando tenía ocho años pidió a sus caballeros que lo liberaran de lo que para él era una prisión, y así se hizo.

El día de su liberación, junto a la ribera del Cinca, el niño-rey vistió por primera vez armadura y empuñó espada, aditamentos que poco le abandonarían durante el resto de su larga vida.

No es nuestro cometido biografiar a este gran rey, pero no nos resistiremos a reseñar muy brevemente lo que fue su aventurera y exitosa vida.

A los nueve años envió a sus caballeros en ayuda del conde de Tolosa, asediado en su ciudad por el insaciable Simón de Montfort. La expedición obtuvo un gran triunfo, pereciendo en la lucha el de Montfort.

A los doce años dirigió personalmente —lo que en él significaba luchar en primera línea— los asedios a los castillos de Albero y de Lizana, de los que injustamente se había apoderado don Rodrigo de Lizana, que fue vencido y tuvo que refugiarse en la inexpugnable ciudad de Albarracín.

A ella puso sitio Jaime, pero parte de sus oficiales, en secreta connivencia con los defensores, imposibilitaron la toma de la plaza.

Empezando a conocer a los seres humanos, así relata el hecho el rey en su famosa *Crónica*: «Cuando los de nuestro consejo vieron que se nos había engañado y que éramos tan mal servidos de los nuestros, fueron de parecer que levantásemos el sitio y no tuvimos más recurso que hacerlo, pues había dentro de la plaza tantos o más caballeros de los que nos contábamos para sitiarla y no teníamos siquiera quien nos aconsejase en nuestra corta edad.»

Queda claro que desde los doce años Jaime I supo que tendría que desconfiar de todos, y especialmente de sus nobles, muchas veces facciosos y siempre desmedidamente ambiciosos.

Tenía solamente trece años cuando los miembros de su consejo decidieron casarlo con Leonor, hija del rey de Castilla Alfonso VIII. Las bodas entre los herederos de Aragón y Castilla ya entonces eran frecuentes, preanunciando la futura unión de los dos reinos y la creación de España.

Dos de los señores más poderosos del reino, Nuño Sánchez y Guillermo de Moncada, se declararon la guerra y el rey recién casado decidió intervenir en la lucha a favor del primero.

Quizá para impresionar a su apenas adolescente esposa, que lo acompañaba, el rey de trece años, poseído de un empuje arrollador, se apoderó de ciento treinta posesiones del de Moncada, obligándolo a refugiarse en el único castillo que le quedaba, el de la ciudad de su señorío.

Por entonces los nobles de las dos facciones se dieron cuenta del poder que tenía un rey de tan sólo trece años y, temerosos de perder el que ellos aún detentaban, se unieron y convirtieron a los jóvenes esposos en sus virtuales prisioneros.

Jaime y Leonor, su esposa, fueron llevados a Zaragoza, donde fueron confortablemente instalados, pero con centinelas de vista día y noche.

Claro que no era fácil, más bien imposible, retener a Jaime contra su voluntad; muy pronto huyó y buscó refugio en el señorío templario de Horta.

Allí, entre monjes guerreros y apacibles labriegos, meditó sobre su futuro, llegando pronto a la conclusión de que la única forma de no ser arrollado por los nobles era ponerse efectiva y realmente a la cabeza de ellos.

Muy fresco aún el recuerdo de las cruzadas, en cruzado decidió convertirse Jaime I jurándose a sí mismo que emplearía su vida y su reino en luchar contra los herejes.

A los diecisiete años intentó sin éxito convencer a sus caballeros para que lo acompañaran a reconquistar Valencia, pero más suerte tuvo unos años más tarde cuando se trató de Mallorca.

Para entonces había guerreado largamente y siempre con éxito contra nobles rebeldes, y en especial contra Guerau de Cabrera, en defensa de los derechos de la condesa Aurembiaix de Urgel, muy querida amante del rey.

Por ese tiempo —1229— Jaime deshizo su matrimonio con Leonor de Castilla aduciendo consanguinidad, y seis años más tarde volvió a casar con una princesa venida de tierras lejanas: Violante de Hungría. Para entonces ya era uno de los reyes más conocidos de Europa y primera espada de la cristiandad.

Mallorca había sido su primer gran objetivo.

En la primavera de 1229 logró reunir, gracias a la unánime adhesión de sus súbditos y al apoyo templario, una fuerza de 15000 infantes y 1500 jinetes, a los que ciento cincuenta y cinco barcos transportaron desde Salou hasta Mallorca en los primeros días de septiembre.

Después de duras batallas, ganadas a costa de la vida de hombres como Ramón y Guillermo de Moncada y Hugo de Mataplana, los cruzados llegaron a la puerta de la ciudad de Palma, donde se ofrecieron a su vista los cuerpos de decenas de prisioneros cristianos atados a cruces en lo alto de las murallas.

Enfurecidos, se lanzaron al ataque Jaime y sus hombres. No cayó la plaza al primer embate y el asedio fue largo y duro, pero finalmente se abrieron brechas en las fortificaciones, los cristianos entraron en tromba en la ciudad, pelearon y mataron en sus calles y llegaron hasta el rey moro. Como lo jurara antes de iniciar la campaña, Jaime le tiró de las barbas.

Menorca e Ibiza fueron liberadas en 1232 y 1235, respectivamente. Pero para entonces ya estaba Jaime I guerreando en tierras levantinas.

No fue corta ni fácil la campaña de Valencia pero, a partir de 1233, cuando el rey se consagra totalmente a ella, comienza la sucesión de triunfos cristianos que llevaría a la rendición de la ciudad, gran capital mora, en 1238.

Jaime I continuaría guerreando el resto de su vida y amargarían sus últimos años las luchas entre sus hijos por la posesión de un reino por él engrandecido. Murió en 1276.

Aun en tan rápida síntesis, salta a la vista el destacado lugar que ocupa entre los monarcas peninsulares.

Queda claro que, de no haber nacido, muchas décadas pudo haberse retrasado la reconquista.

Y de no haber sido por un cúmulo de excepcionales circunstancias, sobre las que planea el irónico azar, podría no haber nacido.

Lo cuenta su ameno cronista Muntaner, de cuya verosimilitud no tenemos motivo para dudar.

Pedro II, ya lo hemos dicho, sentía verdadera aversión por su esposa, María de Montpellier. Si tenía o no justificación para ello no lo sabemos ni hace a nuestra historia. Lo que sí hace es que jamás cohabitaba con ella.

Este hecho preocupaba grandemente a nobles y cortesanos; porque dolía a sus conciencias cristianas pero también porque la dejación de los deberes conyugales por parte del rey dejaría a Aragón sin heredero.

Por si fuera poco, los prohombres de Montpellier tomaban el agravio a su señora como un insulto personal, lo que complicaba no poco el gobierno del reino.

Fueron esos prohombres —así los llama Muntaner— quienes decidieron solucionar el problema conyugal apelando a una verdadera «terapia de choque».

Reunidos con Guillermo de Alcalá, un rico hombre íntimo del rey, los «conjurados» de Montpellier le hablaron del problema de la falta de heredero, de la indignación de la ciudad, etc., y a continuación le expusieron el plan que habían elaborado y para cuyo éxito la colaboración del de Alcalá era imprescindible.

Éste escuchó atentamente lo que se le dijo y cuando le llegó el turno de responder manifestó estar totalmente de acuerdo en realizar la parte del plan que se le había asignado. Sólo pidió que, para mejor asegurar su éxito, se dedicara la siguiente semana a rogativas en todas las iglesias, sugerencia que fue aprobada de inmediato.

Pedro II no se acostaba con su esposa pero sí, y

muy frecuentemente, con una amante por la cual sentía inextinguible deseo.

En cumplimiento de su misión, Guillermo de Alcalá, como habría hecho muchas veces antes, condujo a su amo la noche señalada hasta la casa y la habitación donde lo esperaba su deseada compañera sentimental, a la que no pudo ver porque la estancia estaba totalmente a oscuras, circunstancia que no le impidió tomarla entre sus brazos y demostrarle fehacientemente las ansias que despertaba en él. Después de horas de adecuadas efusiones, ambos se quedaron profundamente dormidos.

Fueron despertados a la mañana siguiente por la irrupción de una comitiva —que entonces podía parecer solemne y hoy hallamos carnavalesca— integrada por: doce cónsules de la ciudad, doce nobles, doce mujeres de las más honradas, doce doncellas, dos notarios, el oficial del obispo, dos canónigos y cuatro religiosos.

Las mujeres honradas y las doncellas con cirios encendidos en las manos, a cuya luz —y una vez repuesto del telele que debió de producirle la fantasmagórica procesión— pudo descubrir Pedro II que no había hecho el amor con su amante, sino con su legítima esposa.

Los presentes se apresuraron a disculparse por el complot, y el rey, quizá por no haber pasado mala noche, se mostró de inmediato dispuesto a perdonar.

Hizo más, en adecuada mezcla de religión y deportividad: dijo que, «puesto que así es, cúmplase la voluntad de Dios».

No se crea que por ello variaron sus sentimientos con respecto a la reina; ya hemos dicho que, a su debido tiempo, gestionó y obtuvo la anulación de su matrimonio. Ahora corresponde agregar que no bien acabó su frase sobre la voluntad de Dios, montó a caballo y se fue de Montpellier —«*E sí cavalcá aquell dia e es partí de Montpestller*», dice Muntaner—, dejando a los hombres buenos, las mujeres honradas, las doncellas con cirios y los canónigos con un palmo de narices.

Pero dejando a Leonor de Castilla, su esposa, embarazada del que sería el gran Jaime I.

¿Que qué tuvo que ver el azar en lo que fue bien urdida trampa?

Piénsese en el bajísimo porcentaje de uniones fecundas entre el total de uniones sexuales; en la posible esterilidad de uno o los dos cónyuges o en tantas otras cosas que pudieron haber hecho fracasar el encuentro.

Entre ellas, que *antes* Pedro II hubiera encendido una luz.

UN FRANCÉS ELIGE DINASTÍA ESPAÑOLA

Alfonso XI, el del Salado, fue, sin duda, un gran rey. Luchó infatigable y victorioso contra los invasores islámicos, propició la redacción de sabias leyes y, dentro de las limitaciones de la época, puede decirse que se preocupó por el bienestar del pueblo.

Tantas y tan cualificadas actividades no le restaron tiempo para amar a Leonor de Guzmán, su compañera sentimental de por vida, y en ocasiones, también a su esposa legítima, María de Portugal.

De estos amores nacieron trece hijos en total, once de la prolífica Leonor, de los cuales siete llegaron a la pubertad, y dos de María, de los que uno alcanzó la adultez, para heredar a su padre.

Fue Pedro I, llamado el Justiciero por algunos historiadores con singular sentido del humor, y el Cruel por la inmensa mayoría.

Prolija tarea sería enumerar las causas —las víctimas— que ganaron para él tan antipático mote; baste decir que, de los siete hermanastros que sobrevivieron a la niñez, seis murieron a sus manos.

El que se salvó de tanta furia homicida llegaría a ser rey.

Enrique, junto con su hermano gemelo Fadrique, llegó al mundo en 1333 y su padre lo puso bajo la tutela de don Rodrigálvez de Asturias, señor de Noreña y conde de Trastámara. Este título, junto con todas las propiedades, sería heredado por el joven bastardo a la muerte de su poderoso tutor.

Alfonso XI vive con y para su amada Leonor de Guzmán y ello, como es de imaginar, genera obsecuencias y odios. Las primeras, de la inmensa mayoría de la nobleza, que no se cansa de hincar sus rodillas ante la gran dispensadora de favores del reino; los segundos, de los poquísimos fieles de la legítima reina, y, obviamente, de la reina misma.

En 1350 la peste negra llega a España y al mismo campamento del rey, empeñado en reconquistar Gibraltar. Mueren por centenares caballeros y soldados hasta que es el propio Alfonso XI quien sucumbe al terrible mal.

Le sucede, como es natural, su único hijo legítimo, Pedro. Es la hora de la venganza para él y, especialmente, para su preterida madre.

Leonor de Guzmán fue de inmediato encarcelada y desposeída de todo su inmenso patrimonio —que incluía desde joyas hasta ciudades— y, tras ser llevada de cárcel en cárcel, fue alevosamente asesinada en Talavera de la Reina por orden expresa de María de Portugal.

Pedro, criado en el odio a la amante, a la muerte de Leonor transfirió ese odio a sus hijos. Con distintas excusas los fue matando a todos, habiendo reflejado la crónica con especial dramatismo el asesinato de Fadrique, gran maestre de Santiago y gemelo de Enrique.

Mientras Pedro emulaba a su padre precisamente en lo que tanto había criticado de él, es decir, haciendo de una amante —María de Padilla— la mujer de su vida y abandonando a Blanca de Borbón, su esposa, a las cuarenta y ocho horas de haberla desposado, Enrique levantaba ejércitos para derrocarlo.

Pedro era cruel, paranoico, asesino, pero no era cobarde ni tampoco tonto. Hizo aprobar leyes que favorecieron grandemente a los trabajadores manuales, contrató a sagaces judíos que organizaron eficientemente el sistema recaudatorio del reino y supo mantener controlados a los nobles. Pudo haber sido un buen rey.

Pero, ya lo hemos dicho, era un paranoico con claras tendencias asesinas. Nadie podía sentirse seguro a su servicio y así se enajenó las simpatías de nobles y plebeyos, y también la de sus fieles judíos, al torturar hasta la muerte a su tesorero mayor, Samuel Leví.

«Mira que ya la fama de tus crímenes resuena por el mundo...», lo apostrofaba el papa Inocencio VI.

A lo que respondió el por algunos de nuestros contemporáneos llamado Justiciero haciendo asesinar de un mazazo a su esposa, Blanca de Borbón.

Por todo lo cual a Enrique no le faltaban apoyos.

También los tenía Pedro, en especial de los ingleses, que libraban con Francia la cruenta, casi fratricida y seguramente inútil guerra que se dio en llamar de los Cien Años.

Por primera vez fue Castilla campo europeo de batalla. En ella se enfrentaron el mítico Príncipe Negro inglés —el príncipe de Gales— con el no menos mítico caballero francés Bertrand Du Guesclin.

En los primeros meses de 1366, Enrique entró en Castilla por Aragón y en Calahorra se autoproclamó rey de Castilla y de León. Gracias a una inexplicable retirada —huida— de Pedro, que tenía muchos más hombres que él, el bastardo pudo ocupar Burgos y allí, en el monasterio de las Huelgas, fue coronado rey con la solemnidad que Calahorra no podía brindar.

Pedro se refugió en Sevilla pero poseído de una en él no frecuente cobardía huyó a Portugal, luego a Galicia, y de allí por mar a Bayona, ciudad francesa entonces en poder de sus aliados ingleses.

Enrique aprovechó la espantada de su enemigo para ocupar casi toda Castilla, hacer reconocer como heredero del trono a su hijo Juan y empezar a gobernar. Pero entonces le llegó la noticia de que Pedro y el Príncipe Negro, al frente de un poderoso ejército que incluía a los famosos arqueros sajones, invictos en todas las batallas, había entrado en las que ahora eran sus tierras.

Pedro y los ingleses tenían más de diez mil hombres, en tanto Enrique y los pocos franceses que aún estaban con él eran menos de cinco mil, y de ellos tan sólo un millar verdaderos soldados.

A pesar de la enorme disparidad de fuerzas, Enrique, contra la opinión de la mayoría de sus capitanes, se empeñó en presentar batalla. Hizo más: en un desplante de hidalguía, abandonó la posición que mantenía tras el río Najerilla, lo cruzó y desplegó sus líneas en la llanura por la que avanzaba el ejército enemigo. «Para que nadie pueda decir que luchamos con ventaja», explicó.

El gesto —que ningún general actual elogiaría— arrancó del Príncipe Negro una frase que sobreviviría al tiempo: «¡Por san Jorge que es un valeroso caballero este bastardo!»

Pero las batallas las ganan quienes tienen más y mejores soldados, así que fueron Pedro, el Príncipe Negro y los arqueros sajones quienes triunfaron en Nájera.

La victoria fue total y prisioneros quedaron todos los jefes del ejército derrotado, incluido Bertrand du Guesclin. A uña de caballo pudo escapar Enrique, quien, tras breve estancia en Aragón, se refugió en Francia.

Precisamente por el bastardo se interesó el Príncipe Negro no bien acabar la lucha. Cuando se le dijo que había logrado escapar, reflexionó en voz alta: «Entonces hoy no hemos hecho nada.»

Tenía razón. Tan sólo cuatro meses después de Nájera, el Príncipe Negro, harto de aguantar los incumplimientos de promesa, los desplantes y los crímenes de Pedro I, lo abandonó definitivamente, regresando a Inglaterra. Fue la señal que Enrique esperaba para intentar la reconquista de lo que consideraba su reino.

En Francia el bastardo no había perdido el tiempo. Con dinero y apoyos, había levantado un ejército que contaba entre sus efectivos con las reorganizadas Compañías Blancas de Bertrand du Guesclin. Su jefe volvería a comandarlas no bien recuperar su libertad.

A comienzos de 1368, Enrique II, tras breve y victoriosa campaña, tenía bajo su mando las dos Castillas, León, Asturias y el País Vasco. Eran leales a Pedro, Andalucía, Galicia y Murcia.

Al recibir el valioso aporte de mil quinientos jinetes moros cedidos por su buen amigo el rey nazarí de Granada, el Cruel se decidió a salir de su segura Sevilla e ir en busca de Enrique, que sitiaba Toledo. Enterado del hecho, éste abandonó presuroso el sitio y bajó por Castilla en busca de su hermanastro.

El encuentro se produjo el 14 de marzo de 1369, en Montiel, y fue para el bastardo una victoria tan completa como lo fuera Nájera para Pedro. Éste con gran esfuerzo pudo refugiarse tras los muros del castillo de la ciudad, alrededor del cual hizo levantar su hermanastro un grueso y compacto muro de piedra cuya vigilancia confió nada menos que a Du Guesclin.

A él se dirigió Rodríguez de Sanabria, un incondicional de Pedro, con una fantástica propuesta: si se pasaba a su bando, el rey lo recompensaría con las ciudades de Soria, Almazán, Atienza, Deza, Monteagudo y Serón, más doscientas mil doblas de oro.

El así tentado respondió que era un caballero francés al servicio del rey de Francia, que estaba en guerra con el de Inglaterra, aliado de Pedro, y que nunca traicionaría a su señor.

Como era su deber, Du Guesclin comunicó lo ocurrido a Enrique y éste, en gesto no precisamente ejemplar, le ofreció darle todo lo que le prometiera su hermanastro si lograba atraerlo hasta su tienda. Con prontitud tampoco ejemplar, el caballero sin miedo y sin tacha aceptó ciudades, doblas y encargo.

Quizá porque su mente estaba trastornada por tantos crímenes cometidos y un recóndito filón de dignidad le hacía buscar inconscientemente el castigo de ellos, Pedro cayó en tan primaria trampa y concurrió, acompañado por tres caballeros, a la tienda de Du Guesclin.

A ella no llegó su dueño, sino Enrique, armado de pies a cabeza, y gritando: «¿Dónde está ese judío hideputa?» A lo que respondió Pedro: «¡El hideputa seréis vos, que yo soy hijo legítimo del buen rey Alfonso de Castilla!» Y con la última palabra se lanzó daga en mano contra su hermanastro.

Cayeron los dos en tierra pero Pedro, más corpulento y con mejor preparación física, logró quedar sobre Enrique. Alzaba ya su brazo para hundir la daga en el corazón tan odiado cuando Du Guesclin, que contemplaba la lucha, decidió intervenir.

Retorciéndole un tobillo, obligó a Pedro a girar sobre sí mismo, circunstancia que aprovechó el bastardo para echarse sobre él y matarlo.

Du Guesclin justificó su acción con una frase más conocida que el hecho que la originó: «No quito ni pongo rey, pero ayudo a mi señor.»

Lo que la Historia conoce como la tragedia de Montiel ocurrió el 23 de marzo de 1369 y, además de una muerte y de una frase, significó para Castilla el nacimiento de una nueva dinastía, la de los Trastámara.

Hay que convenir en que pocas veces el azar ayudó tanto y tan bien a la Historia, si tenemos en cuenta que, gracias a la casual acción de Du Guesclin, Castilla primero y después España y América pudieron tener por reina a Isabel la Católica.

UNA PUERTA ABIERTA EN CONSTANTINOPLA

«Aquí es donde Dios y el hombre, la naturaleza y el arte pusieron o crearon de común acuerdo el lugar más maravilloso que la mirada humana pueda contemplar en la tierra», dijo Lamartine de Estambul.

Bizancio porque la fundó, hace poco menos de tres mil años, un griego llamado Bizas; Constantinopla porque la refundó Constantino, y Estambul —*Sten polin*, la ciudad— porque así decidió llamarla Mehmed II, el que la conquistó para los otomanos, la capital del Imperio Bizantino era hace mil años y sigue siendo hoy uno de los lugares más bellos de la tierra.

Constantino, en el siglo IV, la eligió para ser la segunda ciudad del imperio; y desde tan lejana fecha arranca su esplendor. En el siglo VI gobernaron Bizancio los grandes Justiniano y Teodora, siendo entonces cuando el templo de la Sagrada Sabiduría —Santa Sofía— elevó al cielo su cúpula increíble para dar fisonomía definitiva a la ciudad.

«El lugar más maravilloso que la mirada humana pueda contemplar en la tierra...» Los que conocen Estambul, y especialmente los que han llegado a ella por mar, a la hora en que el sol se muestra tras cúpulas y minaretes, saben que Lamartine no exageraba. O no exageraba demasiado.

Cuando Justiniano dejó el trono a su sucesor, el Imperio Bizantino abarcaba desde Macedonia hasta

Egipto y desde Anatolia hasta las Columnas de Hércules, incluyendo toda Italia y buena parte de Austria y lo que hasta hace poco era Yugoslavia. Con el correr de los siglos, este inmenso imperio se fue desgajando, roído por la codicia de todos sus vecinos y por las disputas internas, políticas y religiosas.

Enemigos tenía muchos Bizancio, incluidos reinos cristianos, pero de entre todos sobresalían los turcos otomanos, convertidos a la combativa y victoriosa fe de Mahoma. Ya en 1071, el desastre bizantino de Manzikert pudo haber puesto Constantinopla en sus manos.

Sin embargo, tendrían que pasar casi cuatrocientos años más para que eso ocurriera.

Y cuando ocurrió, para Occidente significó nada menos que el fin de una era.

Mehmed II nació en 1432, hijo del sultán Murad II y de una joven esclava; desde niño demostró gran inteligencia y carácter, por lo que su padre abdicó en él cuando sólo tenía doce años. Sin embargo, la necesidad de enfrentarse a una cruzada cristiana y, especialmente, intrigas palaciegas que culminaron con una revuelta de los jenízaros, cuerpo de élite, obligaron a Murad a volver al trono.

Mehmed II no lo ocuparía hasta la muerte de su padre, en 1451. A partir de ese momento, los bizantinos supieron que sus horas estaban contadas, ya que el joven sultán había dicho siempre que su máxima aspiración era la conquista de Constantinopla.

Para entonces, el otrora inmenso Imperio Bizantino estaba reducido a muy poco más que las murallas de su bella y orgullosa capital.

En realidad, sorprendía el hecho de que, estando desde muchos años atrás los turcos en la otra orilla del Bósforo, Constantinopla siguiera en manos cristianas. Esto podía deberse a indecisión y falta de jefes adecuados por parte de los otomanos, pero, en igual o mayor medida, a la bien ganada fama de inexpugnabilidad de las murallas de la ciudad.

Construidas las primeras por Constantino, fue el emperador Teodosio quien levantó el admirable sistema defensivo que cerraba totalmente Constantinopla por tierra. Siete kilómetros de extensión tenían las fortificaciones, que formaban una doble, y en muchas partes triple, línea defensiva, bien protegida por torres, troneras, almenas y fosos.

Mil años de asedios habían resistido esas piedras sin sufrir más que rasguños. Los bizantinos creían que podrían resistir otros mil.

Para Mehmed II, la conquista de Constantinopla era una obsesión desde niño. Urgía a sus tutores para que le hablaran de sus edificios, de sus tesoros, de la sublime Santa Sofía y, también, de sus murallas.

Desde los tiempos de su primer sultanato, centenares de espías habían penetrado en la ciudad o recorrido su perímetro, memorizando puestos de guardia, acuartelamientos, lugares fortificados y puntos más débiles. Casi de memoria, Mehmed podía dibujar con exacta proporción esas murallas que le quitaban el sueño.

No bien acceder al trono a la muerte de su padre, el joven sultán de diecinueve años se vio enfrentado a otra sublevación de los temibles jenízaros; la perfecta mezcla de decisión, inteligencia y una firmeza lindante con la crueldad de que hizo gala para sofocarla sería el mejor reclamo para consolidar definitivamente su poder y un preanuncio de lo que esperaba a sus enemigos.

Férreamente unificado el poder bajo su mando, pudo Mehmed discutir con sus generales los planes para la conquista de Constantinopla. Como él esperaba que ocurriera el mayor, casi invencible, obstáculo que le opusieron fueron las murallas. Porque no dejaban hueco por donde colarse, porque la profusión de torres, troneras y almenas, más el hecho de poseer doble o triple línea defensiva, condenaba al fracaso todo intento de asalto pero, por encima de todo, porque no existía arma capaz de abrir brecha en ellas.

Ante este aparentemente invencible obstáculo fue donde Mehmed dio la talla de excepcional guerrero.

Con segura tranquilidad, dijo a sus generales que si no existía arma capaz de destruir las murallas él iba a fabricarla.

En realidad, guardaba un as en su manga. Poco tiempo antes se había presentado ante él un húngaro llamado Urban, considerado con razón el mejor fabricante de cañones de Europa. Aunque era cristiano, ofrecía sus servicios al sultán porque Constantino, el emperador de Bizancio a quien se había dirigido antes, le había despedido no bien oír sus pretensiones económicas.

Mehmed, en cambio, le dijo que le pagaría cuanto quisiera si era capaz de construir un cañón que destruyera las murallas de Constantinopla.

Meses de esfuerzos, miles de trabajadores y mucho ingenio necesitó Urban para poner a punto en Adrianópolis su primer cañón; cuando llegó el día de probarlo, el sultán envió sus pregoneros por toda la ciudad a anunciar el hecho para evitar que alguna embarazada abortara por el estruendo.

Se había preparado un muro de espesor equivalente al de los de Constantinopla y el disparo del engendro logró atravesarlo. Mehmed agasajó convenientemente al húngaro y le ordenó que siguiera construyendo cañones del mismo calibre.

Pero no sólo en la artillería pesada confiaba el avispado sultán. Mientras interminables hileras de carros echaban mineral de hierro sobre las fraguas del nuevo Vulcano, ordenó la construcción de treinta galeras y de una fortaleza en la orilla europea del Bósforo, lo que le estaba prohibido por tratados que había firmado sin tener la menor intención de respetarlos.

Desde las almenas, los bizantinos, angustiados pero impotentes, veían levantarse el fuerte y sabían por espías de la construcción de cañones y galeras, pero nada podían hacer para evitarlo excepto enviar urgentes pedidos de ayuda a los reinos cristianos de Occidente.

Los habitantes de la ciudad que pronto iba a ser sitiada estaban sin duda inquietos pero no desesperados. Habían resistido muchos y muy temibles asedios y tenían motivos para creer que el que se avecinaba sería uno más.

No por ello dejaban de aprestarse para la defensa. El tópico de que no se ocuparon de los turcos porque más les preocupaba determinar el sexo de los ángeles es incierto. De hecho, esa duda teológica la habían resuelto siglos antes: los ángeles eran eunucos.

Fabricaron armas y municiones, movilizaron a todos los hombres en edad de combatir, repararon hasta la más pequeña brecha de las murallas, pero no hicieron más porque más no podían hacer, excepto pedir ayuda exterior. Y esa ayuda, apresurémonos a decirlo, nunca llegó.

Con una miopía desgraciadamente no curada en siglos posteriores, la cristiandad, siempre ocupada en sus importantes y «propios» problemas, se desentendió del más importante y propio de cuantos pudiera tener.

Por resentimiento, en parte justificado ante el orgulloso separatismo religioso y político de los bizantinos, por la ya mencionada miopía, tan característica de Europa, y hasta por envidia.

Desde los tiempos de Justiniano, es decir, desde casi mil años antes, Constantinopla era la ciudad más rica y pujante del mundo conocido. En el siglo XV, cuando Londres era una aldea y París una universidad, tenía un millón de habitantes.

En Constantinopla se construía con mármol cuando en Europa no se utilizaba más que madera y, en el mejor de los casos, tosca piedra. Los palacios ciudadanos y las villas veraniegas junto al Bósforo eran moneda corriente en la ciudad. Sus interiores, con suelos de pórfido, muebles de las más ricas maderas, fuentes con maravillosos juegos de agua y todo tipo de refinamientos, deslumbraban a los visitantes extranjeros.

Para los que alcanzaban el insigne honor de ser recibidos por el emperador, el deslumbramiento era mucho mayor.

El palacio Imperial, llamado Sagrado porque era Jesucristo el verdadero emperador de Bizancio —un trono vacío junto al del emperador mortal estaba reservado para Él—, era, en realidad, un conjunto de siete palacetes independientes, rodeados por jardines, piscinas y fuentes de las que brotaba agua de rosas. En total había quinientas habitaciones.

La emperatriz tenía su propio palacete, construido totalmente en mármol, oro y pórfido. De este material estaba construido el inmenso recinto llamado Habitación del Amor, donde debían nacer los herederos del imperio.

El emperador recibía a sus contados visitantes sentado en el trono; como era de rigor, en cumplimiento de estrictas normas protocolarias, el visitante debía echarse de bruces ante él. Cuando levantaba la mirada, el emperador había desaparecido.

No del todo; en realidad estaba, trono incluido, un par de metros por encima del suelo. A esa real pero también simbólica altura había llegado gracias a un bien engrasado y oculto mecanismo.

Palacio, riquezas y mecanismo tenían por objeto convencer a propios y extraños que el emperador de Bizancio era el monarca más poderoso de la tierra, por encima —incluso físicamente— de todos los demás.

Generalmente conseguían su objetivo. Excepto con Mehmed II.

El 6 de abril de 1453 comenzó el sitio de Constantinopla. Los defensores estaban bien provistos de agua y alimentos, tenían confianza ilimitada en la inexpugnabilidad de sus murallas y, por encima de todo, fe en Dios, que, no lo dudaban, tenía que estar de su parte.

El primer estampido de los gigantescos cañones del sultán debió afectar a los bizantinos más en su seguridad sobre la decisión de Dios que en la fe que tenían en sus murallas, pero pronto se repusieron de la terrible sorpresa inicial. Los cada vez más frecuentes disparos comenzaban a abrir brechas en los muros, pero ellos podían cerrarlas durante la noche.

Como todo general que sólo acumula victorias, Mehmed era impaciente. Veía pasar los días y hasta las semanas sin que sus estruendosas trompetas lograran derribar murallas y, por si fuera poco, tres galeras genovesas y un navío bizantino habían logrado burlar el bloqueo que su armada imponía a la ciudad, desembarcando unos centenares de soldados y alimentos. Enfurecido, el sultán decidió jugar fuerte.

Una cadena de hierro cerraba a las naves turcas el acceso al Cuerno de Oro, la inmensa ría que separa Constantinopla de Gálata, donde existía una colonia genovesa a la que Mehmed no quería atacar para no crearse un nuevo enemigo. Si sus barcos pudieran pasar del mar de Mármara y del Bósforo al interior del Cuerno de Oro, el cerco a Constantinopla sería total y la armada bombardearía el flanco más vulnerable de la ciudad.

Para convertir en realidad este sueño, Mehmed realizó una hazaña que hoy cuentan con legítimo orgullo los guías turísticos de Estambul: aunque cueste creerlo, hizo que sus barcos pasaran del Bósforo al interior del Cuerno de Oro... por tierra.

Miles de rodillos de madera sirvieron para sacar a los barcos del agua, y millares de súbditos del sultán, ayudados por no menor número de bueyes, tiraron de ellos a través de montes y valles, hasta depositarlos en las aguas interiores.

Setenta barcos fueron transportados en una sola noche. Al clarear el siguiente día y ver lo que no podían creer que estaban viendo, los bizantinos, con su emperador casi divino a la cabeza, empezaron a admitir la posibilidad de una derrota.

Pero no por ello perdieron la fe ni el valor. El histórico cruce de la flota tuvo lugar en la noche del 22 de abril, pero un mes más tarde la ciudad seguía resistiendo y las murallas, aunque no intactas, seguían siendo inexpugnables. Decenas, quizá centenares de intentos de asalto se habían sucedido durante las semanas del sitio sin más resultado para los atacantes que miles de cadáveres amontonados en los fosos.

Claro que los turcos eran casi doscientos mil y podían cubrir las bajas con tropas de refresco siempre que quisieran, en tanto el número de defensores sólo podía disminuir. Aunque lo hiciera demasiado lentamente para la impaciencia de Mehmed.

Éste, además, tenía otro grave motivo de preocupación. Sus agentes le habían informado que los europeos, impresionados hasta la vergüenza por el heroico comportamiento de los bizantinos —y empezando a comprender que, tomada Constantinopla, el objetivo de Mehmed sería Europa—, se aprestaban a enviar por mar un poderoso ejército en ayuda de la ciudad.

Decidido a adelantarse a él, el sultán ordena que todo esté dispuesto para el 29 de mayo, día en que se dará el asalto final. El día anterior concede descanso y fiesta a sus hombres, anunciándoles que una vez tomada la ciudad tendrán tres días completos para saquearla a placer. Por si lo ignoraban o lo han olvidado, hace notar que está hablando de Constantinopla, donde se muestran o se ocultan los más ricos tesoros de la tierra.

Tras los muros, los bizantinos, hasta quienes llegan los gritos de odio, alegría y muerte del campamento turco, adivinan su motivo y se encierran en Santa Sofía, rogando a Dios un milagro.

Antes de que aparezcan por el este las primeras luces del amanecer, ciento cincuenta mil turcos hambrientos de victoria y de pillaje se lanzan al asalto de la ciudad más rica del mundo.

Estratega genial, Mehmed ha revisado hasta la exageración el plan de ataque. El grueso de las tropas se lanzará sobre la línea principal de murallas, pero la flota del Cuerno de Oro también desembarcará hombres que intentarán abrir brecha en la parte menos guarnecida, en tanto los barcos diseminados por el mar de Mármara y el Bósforo contribuirán con su artillería a quebrar la moral de los defensores, ya que es difícil que logren destruir sus defensas.

Las primeras oleadas de atacantes están compuestas por tropas bisoñas, discretamente armadas y con escaso adiestramiento; los defensores las rechazan una y otra vez, causándoles gran número de bajas.

Mehmed no se inmuta porque lo había previsto.

Con estos intentos, un tanto desorganizados pero continuos, sólo busca fatigar al enemigo. Sabe que los bizantinos no pueden contar con tropas de refresco, que todos los hombres útiles están en las almenas, y que su fatiga acelerará el triunfo.

A media mañana, el sultán envía sobre las murallas a los anatolios, guerreros experimentados y cuyo valor es proverbial. En un primer momento parece que decidirán el combate, ya que muchos logran alcanzar las almenas y colarse en las defensas, pero los bizantinos consiguen acabar con ellos.

Furioso, Mehmed decide lanzar a la lucha a los jenízaros, los mejores guerreros del mundo. Esas verdaderas máquinas de guerra, jóvenes criados para matar y vencer, se lanzan sobre las murallas como lobos hambrientos sobre indefensas presas, pero también ellos se estrellan contra los muros de piedra y los corazones de acero que los defienden. Constantinopla no es una presa indefensa.

Al ver retroceder a los jenízaros, por primera vez en su vida el sultán permite que su mente considere la posibilidad del fracaso.

Incluso llega a pensar en una retirada inmediata para salvar lo mucho que todavía queda de su castigado ejército.

Está inmerso en sus dudas cuando unos pocos pero muy fuertes gritos lo arrancan del ensimismamiento. Ve a unos jenízaros gritando y agitando sus brazos desde un boquete abierto en la muralla por los inmensos cañones del húngaro Urban. Sin entender lo que ocurre, se acerca al muro, desafiando las flechas y las piedras que arrojan los defensores.

Y descubre que, una vez más, el azar ha inclinado la balanza de la Historia.

Por el boquete abierto por los cañonazos, un grupo de jenízaros penetró en el espacio que separaba la primera de la segunda línea de defensa. Es una zona muerta y nada pueden hacer en ella excepto tomar posiciones para un eventual asalto posterior así que, entretanto, reconocen el lugar.

Uno de ellos, el más adelantado, ahoga una interjección y vuelto hacia sus compañeros señala con gesto entre incrédulo y desconfiado algo que los otros sólo verán cuando lleguen junto a él.

Entonces se generaliza la sorpresa. Porque lo que están viendo es nada menos que una de las puertas que dan acceso a la ciudad, concretamente la llamada Kerkaporta, está abierta.

Los jenízaros han sido educados para matar pero no para morir estúpidamente. En brevísimo conciliábulo, deciden que puede —que debe— tratarse de una trampa y envían a uno del grupo en busca de refuerzos, en tanto el resto permanece a la expectativa.

Nada ha ocurrido cuando llegan los refuerzos y, entonces sí, todos entran en la hasta ese momento inexpugnable Constantinopla.

Con el emperador Constantino al frente, los bizantinos se baten como leones, hasta que la muerte de su señor acaba con los últimos intentos de una resistencia desesperada. En pocos momentos, toda la ciudad es víctima del pillaje que Mehmed había prometido a sus hombres.

Él no está entre ellos; está en Santa Sofía, llorando de emoción al contemplar tanta grandiosa magnificencia.

Al abandonar el templo, influido quizá por esa presencia de Dios que aún hoy los visitantes perciben en él, el sultán revoca su promesa de tres días de libre saqueo y ordena que cese de inmediato el pillaje.

Era el atardecer del 29 de mayo de 1453. A partir de ese día, y durante casi quinientos años, hasta que el genial Mustafá Kemal, Atatürk, lo convirtiera en museo, el templo de la Sagrada Sabiduría, Santa Sofía, sería una mezquita islámica.

También ese día, y por decisión de futuros historiadores, la Edad Media dará paso a la Moderna. Durante casi toda ella, los turcos serán constante flagelo de Europa.

Esa Europa que dejó que el Imperio Bizantino se perdiera para la cristiandad por una puerta que alguien olvidó cerrar en Constantinopla.

FELIPE EL HERMOSO Y EL JUEGO DE PELOTA

«Que otros hagan la guerra; tú, feliz Austria, cásate, pues los reinos que a otros da Marte, a ti te los da Venus.»

Y así fue durante más de cuatrocientos años; hasta nuestro propio siglo, aunque cueste creerlo.

Los reinos que Venus derramó con amorosa generosidad sobre la pequeña Austria de los primeros Habsburgo comenzaron a llegar en las últimas décadas del siglo XV, como directa consecuencia de la inteligente política matrimonial de Federico III, que se cuidó de casar a su hijo, Maximiliano, con María, la joven y bella heredera de Borgoña.

Aunque siempre hostigados y, por entonces, vencidos por los franceses, los borgoñones, auténticos descubridores del existencialismo *avant Sartre*, a vivir bien consagraban sus existencias terrenales. Tenían las mejores casas, ciudades, diversiones y bibliotecas de Europa, lo que no es poco decir.

Por otra parte, de la mano de su señor Carlos el Temerario, padre de María, héroe casi legendario y creador de la orden del Toisón de Oro, nobles y plebeyos habían decidido vivir en la Edad Media de torneos, fiestas y amor cortés, y en ella vivían, confortablemente instalados, en pleno siglo XV.

A ese pueblo alegre y opulento —aunque militarmente derrotado— arribó Maximiliano en 1477 para desposar a María. Fue recibido al grito de «¡emperador!» porque todos querían ver en él al reverdecedor de los laureles de Carlos el Temerario. No logró su total reverdecimiento, pero sí salvar para sus herederos de la voracidad francesa lo sustancial de Borgoña.

Lamentablemente, la bella y dulce María murió a los cinco años de matrimonio y tan sólo veinticuatro de edad a consecuencia de una caída de caballo. Pero la continuidad dinástica estaba ya asegurada: en 1478 había nacido Felipe, el heredero, y dos años más tarde, una niña, Margarita.

Cuando estos príncipes entraban en la adolescencia, España nacía como tal y, a la manera de modesta presentación en sociedad, regalaba a la mitad del mundo conocido la otra mitad que faltaba por conocer.

Isabel y Fernando —Fernando e Isabel—, grandes por sí mismos, lo fueron a partir de 1492 por ser los monarcas del mayor reino que el mundo conociera. Tenían, pues, la obligación de elegir cuidadosamente a los futuros gobernantes de tal reino.

Ya entonces era de rigor la boda portuguesa, así que la hija mayor de los Reyes Católicos, Isabel, fue dada en matrimonio a Juan II, rey de Portugal. A poco murió el monarca y su viuda casó con su cuñado, Manuel, quien sucedió en el trono a Juan. Pronto sería Isabel quien dejaría este mundo, desposando el rey viudo a María, otra de las hijas de Isabel y Fernando.

Más tarde casarían a su hija Catalina con el heredero del insular y pobre reino de Inglaterra. El joven esposo muy pronto moriría para que su viuda casara en mala hora con el «inventor» del divorcio en Occidente, Enrique VIII.

Pero antes había que casar a Juan, el príncipe heredero, y a su hermana, la bella, inteligente y enigmática Juana.

Para ellos los sagaces padres volvieron los ojos a los ascendientes Habsburgos. Repartiendo dinero y simpatía por partes iguales, Maximiliano, todo un tipo, había logrado hacerse elegir rey de Romanos, estando a la espera de que el papa lo coronara emperador del Sacro Imperio Romano Germánico.

Esto era mucho, pero había más: las riquísimas ciudades flamencas, cuya opulencia era bien conocida de los castellanos por ser ellos quienes las proveían de lana para sus telares.

Sin la más mínima duda, Fernando el Católico y Maximiliano I eran los dos príncipes más inteligentes, desconfiables, simpáticos y ventajistas de la cristiandad; no es de extrañar que muy rápidamente se pusieran de acuerdo en la concertación de los matrimonios y en las cláusulas de sus respectivos contratos.

Juana no era conocida todavía con el mote de «Loca» con que la encasilló la Historia; era una guapa muchacha de diecisiete años, cuya posterior esquizofrenia sólo se manifestaba en constantes oscilaciones entre la depresión y la euforia.

Aunque se despidió de su madre con lágrimas, embarcó con ilusión hacia Borgoña y su marido, quien, hay que decirlo, la recibió literalmente con los brazos abiertos.

Tal fue la impresión que en el fogoso Felipe causó la lánguida belleza de la castellana que hizo comparecer de urgencia a un sacerdote y, tras una vista y no vista consagración del matrimonio, se apresuró a consumarlo en una tienda en minutos acondicionada al efecto.

Aunque con la pasividad a que las doncellas se obligaban, Juana asistió complacida a prolegómenos y consecuciones.

Habría mucha pasión en los años que duró el matrimonio, pero muchas más infidelidades —por parte de Felipe—, celos, peleas, humillaciones y dolor para Juana.

Margarita de Habsburgo, la hermana de Felipe, tras un accidentado viaje por mar, consumó su matrimonio con el endeble Juan, quien se enamoró hasta el extremo de no querer separarse de ella ni de día ni de noche.

Los médicos advirtieron a los reales progenitores que tanto amor afectaría a su salud, pero Isabel dijo —con mejores palabras— que dejaran a la pareja en paz.

Tan sólo seis meses después de la unión, el apasionado esposo dejó este mundo y a su dolida esposa embarazada. Aunque existe la certeza de que su muerte se debió a la tuberculosis, Juan ha pasado a la historia como «el príncipe que murió por amor». O «de amor».

Poco después del fallecimiento, y muy probablemente por su causa, Margarita perdía al nuevo heredero del trono español en un aborto espontáneo.

Felipe de Habsburgo —todavía no llamado el Hermoso— tenía de su padre la ambición y el gusto por las féminas, pero ahí terminaba el parecido. Maximiliano era grande hasta en sus múltiples errores, en tanto su hijo era pequeño hasta en sus contados aciertos.

Gobernar Borgoña ya era excesiva tarea para sus limitadas capacidades pero poca cosa para su desatada ambición. No bien supo de las muertes de los herederos, decidió que su esposa sería la futura reina de España y él, claro está, el rey. Como primera medida, los cónyuges se autoproclamaron príncipes de Castilla.

La respuesta de Isabel y Fernando fue inmediata y contundente: convocaron a la corte a Isabel, la hija mayor, y a su esposo, Manuel, rey de Portugal, y los hicieron jurar en Toledo herederos del reino.

Indignación en Borgoña al enterarse Felipe, quien —pequeño— hizo víctima a Juana de su furia contra Isabel y Fernando. Y le propinó el que para ella era el peor de los castigos: le negó su amor.

A Juana, pero no a las damiselas de la corte. Múltiples son las anécdotas generadas por las constantes infidelidades de Felipe y los consiguientes celos e histéricas reacciones de su desdichada esposa.

Un día Juana vio a una bella muchachita con un trozo de papel en la mano y, sospechando que pudiera tratarse de un *billet doux* de su marido, le exigió que se lo entregara. La chica, dando con su accionar razón a la sospecha, lejos de obedecer a su soberana, se tragó el papelito en cuestión. En reacción poco regia, Juana, tijeras en mano, se abalanzó sobre ella y le cortó la trenza, según unos, o hirió su rostro, según otros. Al enterarse de lo acaecido, Felipe, en actitud menos regia todavía, insultó y abofeteó a su esposa a vista e impaciencia de la corte.

Pero aún faltaba mucho camino por recorrer en la sucesión de los Reyes Católicos.

Muy poco después de ser jurada heredera, Isabel, en avanzado estado de gestación, dio a luz a un niño y murió a consecuencia del parto. En gesto que lo honra, su viudo renunció a todo derecho sobre la corona española. Quedaba como heredero el recién nacido, a quien se puso por nombre Miguel, y desde su mismo nacimiento fue llamado príncipe de la Paz ya que, al unir las coronas de España y Portugal, acabaría con las periódicas guerras fronterizas.

Nuevo desencanto para Felipe y nueva veda carnal para Juana, que, como todas, se levantaba en ocasiones. Las suficientes para que la infeliz muchacha diera a luz, en 1498, a su primera hija, Leonor, que llegaría a ser reina de Portugal y, más tarde, de Francia.

El 24 de febrero de 1500 culminaba Juana su segundo embarazo y sus médicos la obligaban a absoluto reposo; pero había fiesta en palacio, Felipe iba a concurrir y ella se veía en la obligación de estar presente para vigilar.

Contra la opinión de todos, se vistió, fue a la fiesta, tuvo contracciones e imaginando lo que iba a ocurrir, se refugió en una habitación acondicionada como retrete donde, entre deletéreos perfumes, dio a luz al inmenso Carlos I de España y V de Alemania, para estímulo de ascetas y confusión de consumistas.

Menos de cinco meses más tarde, el 20 de julio, con sólo dos años de vida, moría la gran esperanza peninsular, Miguel, el príncipe de la Paz.

Ahora sí sin discusión, por derecho propio, Juana era la heredera del trono español. Exultante de alegría, Felipe levantó la veda. Lo que dio por resultado una niña a la que se llamó Isabel, en mínimo homenaje a una abuela que regalaba mundos.

A finales de 1501 los circunstancialmente bien avenidos cónyuges embarcaron con destino a España para ser proclamados herederos del trono.

Circunstancias de la más diversa índole, que iban desde la espiritualidad hasta el clima, pasando por el hedonismo, eran motivo de que en Borgoña los palacios fueran más lujosos, las diversiones más excitantes y las muchachas más accesibles que en Castilla. Por todo lo cual se aburría el vacuo Felipe, quien se vengaba tratando a sus suegros con afectados aires de superioridad, lo que divertía a Fernando —años luz por encima de su yerno— pero dolía a Isabel, quien en el rostro torturado de Juana leía sus sufrimientos e incipiente alienación.

A Felipe no le gustaba Castilla y a los castellanos no les gustaba Felipe, así que Juana fue la única en entristecerse cuando el príncipe anunció que los deberes de estado reclamaban su presencia en Flandes.

Su infeliz esposa hizo más que entristecerse. Por primera vez mostró síntomas inequívocos de desequilibrio mental, protagonizando lamentables incidentes, que culminaron con un demencial intento de correr en paños menores hacia el esposo ausente. Sólo la energía y el cariño de su madre pudieron detenerla, aunque por poco tiempo ya que, habiendo dado a luz a Fernando, el hijo español, ni ruegos ni órdenes lograron hacerla desistir de su desesperación por reunirse con Felipe, quien la recibió con los desplantes e infidelidades de costumbre.

A finales de noviembre de 1504 murió la inmensa Isabel, y Fernando se apresuró a proclamar a Juana reina propietaria de Castilla, urgiendo su venida y la de su esposo a España.

Un nuevo embarazo de Juana y, posiblemente, líos de Felipe retrasaron el viaje hasta principios de 1506. Para ese entonces, Fernando se había casado con la joven Germaine de Foix, quien muy bien podía darle un hijo que se convirtiera en heredero del reino.

Viendo seriamente amenazado su casi universal trono, es adivinable el humor con que Felipe arribó a tierras peninsulares.

Fernando era todo un príncipe —*el príncipe*, para

Maquiavelo—, criado para reinar y acostumbrado a hacerlo. Gobernaba bien, lo sabía, y disfrutaba con ello. Era previsible que se resistiera a dejar el trono de España y las Américas en manos de su desequilibrada hija y de su insustancial marido.

Los enfrentamientos entre suegro y yerno fueron múltiples y no pequeños, hasta que se impuso el buen sentido de Fernando, que halló una fórmula capaz de contentar a las tres partes en litigio. En Salamanca se firmó un convenio —Concordia— por el que se establecía que Juana, Felipe y Fernando gobernarían conjuntamente a título de reyes; aquélla como propietaria, su esposo como consorte y su padre como gobernador.

Para facilitar las cosas a la joven pareja, y con la excusa de atender los asuntos de sus otros estados y tener también un viaje de novios, Fernando se fue con su flamante esposa a Italia.

Con rara unanimidad, los mentideros de Castilla opinaron que el verdadero motivo del alejamiento era dejar a Felipe solo para que se hundiera en sus previsibles errores.

Sin la molestísima presencia de Fernando y con Juana totalmente ausente de las tareas de gobierno y sólo atenta a descubrir infidelidades y mendigar amor, Felipe pudo hacer y deshacer a su antojo. Más lo segundo que lo primero.

No todos se perjudicaron con su gobierno. No se perjudicaron los flamencos de su íntimo entorno, encumbrados a los más altos puestos, desde los que podían esquilmar a gusto la aparentemente poco esquilmable Castilla.

Tampoco se perjudicaron los más ambiciosos y avispados nobles nativos, quienes pronto descubrieron que proveer de damiselas y manjares al rey era fuente de pingües beneficios. Así lo hizo constar el embajador Fuensalida en frase histórica: «Tráenlo de vanquete en vanquete y de dama en dama, y asy va todo como va.»

Tantos y tan graves fueron los excesos cometidos por los flamencos que sólo quedaron junto a Felipe los más corruptos o corrompibles nobles castellanos y hasta Juana, ciega y sorda a todo lo que no fuera conyugal amor, tuvo que enterarse y llegó a pedirle —más bien a rogarle— que pusiera freno al expolio.

Toda España clamaba por el regreso de Fernando, tal como el viejo zorro deseaba que ocurriera, y a este clamor se sumó el rey de Francia, tío de Germaine de Foix, quien, con el pretexto de hacer respetar los presuntamente conculcados derechos de su sobrina, anunció el envío de tropas a Castilla, asegurando que allí se quedarían hasta el regreso de Fernando.

Agitar el patriotismo es infalible recurso de todo mal gobernante, y a él se asió Felipe. Sin regatear cuartos a todos los pregoneros del reino, hizo saber a sus súbditos que en persona acudiría al encuentro del francés. Levantó un considerable ejército y se puso en marcha, bien acompañado por Juana, que no lo dejaba solo ni para ir a la guerra.

Una circunstancial indisposición de ésta obligó a detener la marcha en Burgos, alojándose la real pareja en la todavía existente y bien conocida Casa del Cordón. Como la indisposición obligaba a guardar cama y Felipe se aburría, muy pronto Juana quedó embarazada, lo que significó un nuevo retraso en el avance —los franceses, por su parte, tampoco parecían tener mucha prisa—, así que el joven rey mató sus ocios cazando, bebiendo y, especialmente, disputando múltiples partidos de pelota, juego en el que destacaba.

Por fin, a mediados de septiembre, bien encauzado el embarazo, el ejército se dispuso a reiniciar la marcha. Como despedida de la paz y de Burgos, Felipe se hizo servir una comida más pantagruélica aún de lo que en él era costumbre y, con el último bocado, no tuvo más eupéctica idea que invitar a sus amigos a un partido de pelota. A su término, sudoroso y fatigado, se bebió una jarra de agua muy fría.

Esa misma noche se presentó la fiebre y los días que siguieron fueron un lento pero irreversible camino hacia el sepulcro.

Para que Juana pudiera ganarse el apelativo de

Loca y pasar a la Historia por su alucinante viaje a través del viento y las mesetas, Felipe el Hermoso entregó su alma a Dios el 25 de septiembre de 1506.

Naturalmente, Fernando se apresuró a volver a retomar las riendas del gobierno, para bien de todos. Preparó el camino para el reinado de su nieto Carlos y así alcanzó España las más altas cimas de su gloria.

Habida cuenta de que Felipe tenía tan sólo veintiocho años cuando murió, es dable suponer que pudo haber reinado cuarenta o cincuenta años más, con lo que Carlos —muerto en 1558— pudo no haberle sucedido.

En fin, que muy distinto, y casi con seguridad bastante peor, hubiera sido el devenir español del siglo XVI —nada menos que del siglo XVI— de no haber intervenido el azar en forma de una humilde pelota.

CATÓLICOS POR UN ALDEANO

En 1517, el fraile agustino Martín Lutero fijó en la puerta de la catedral de Wittemberg sus noventa y cinco tesis en las que fulminaba la sin duda escandalosa venta de indulgencias propiciada por el Vaticano para financiar la construcción de la basílica de San Pedro.

No paró allí el ascético religioso; muy pronto convirtió su campaña anticorrupción en una auténtica cruzada reformista. Elevando a la categoría de verdades sus opiniones, dictaminó que sólo la fe salva, que todo creyente tiene derecho a interpretar libremente las Escrituras y que la religión debe adaptarse a la idiosincrasia del pueblo donde se predica.

Esta última y tan poco católica opinión fue del inmediato y entusiasta agrado de los príncipes alemanes, siempre ansiosos por incrementar su poder y sus riquezas, y que se vieron a sí mismos como jefes o sumos sacerdotes de la Iglesia en sus estados.

Así ocurrió, efectivamente, en los pequeños principados alemanes y así ocurre hoy en Gran Bretaña.

Carlos I de España y V de Alemania, por entonces auténtico señor de dos mundos, luchó con todas sus inmensas fuerzas contra ese movimiento que él desde los primeros momentos vio como terrible peligro para la religión católica, de la que era devoto y convencido fiel.

Para reconducir la situación, en fecha tan temprana como enero de 1521, convocó una dieta en Worms a la que invitó especialmente a Lutero, garantizando personalmente su seguridad pese a la bula de excomunión que pesaba sobre él, dictada por León X un año antes.

Nada se logró en esa dieta y nada se lograría en otras posteriores porque Lutero, y los que le siguieron tras su muerte, entusiásticamente apoyados por los príncipes alemanes, no deseaban volver a un redil en el que no pasarían de ser rebaño. Lamentablemente, también hubo obcecación por parte de algunos capitostes católicos.

Para el religioso Carlos, más aún que Francisco I y los turcos, este separatismo religioso en la Europa que él había unido era la gran preocupación. «Qué bien dormiría yo sin Lutero y sin gota», solía decir a sus íntimos.

Confiando más en la fuerza de sus convicciones religiosas que en su capacidad de resistir a mariscos y cerveza, a recobrar la unidad de los cristianos consagró el emperador sus mayores esfuerzos.

Quería la unidad por medios pacíficos y para lograrla acalló iras propias y multiplicó dietas y concesiones, sin obtener más que fracasos.

Las causas de ellos, económicas, políticas y puede que hasta religiosas; no corresponde que sean analizadas aquí.

En 1541, siempre por inspiración del emperador, se reunió una dieta en Ratisbona. Hubo buena disposición inicial por ambas partes pero el previsible final feliz fue dinamitado por Lutero quien, pese a haber mantenido una actitud positiva durante las deliberaciones, se negó categóricamente a aceptar una redacción conjunta de lo que ya entonces se llamaba *Libro de Ratisbona*.

Fue a partir de ese momento cuando Carlos V comenzó a considerar inviable una solución conversada y a pensar en el uso de las armas.

Pero no era momento para guerrear entre cristianos cuando el gran sultán Solimán en persona marchaba sobre Hungría, así que toleró que el documento que finalmente pudo redactarse en Ratisbona fuera ampliamente favorable a los protestantes, obteniendo en contrapartida que éstos pusieran a su disposición un ejército para luchar contra el turco, que fue vencido, lo que le permitió volver su atención hacia el imparable Lutero.

El emperador quería obtener del papa la convocatoria de un concilio que fijara definitivamente las fronteras del catolicismo y los sucesivos pontífices se resistían a hacerlo por temor de que el cónclave incrementara todavía más su poder en detrimento del propio.

Paulo III, impresionado por la aplastante victoria de Carlos V en Francia, se decidió a concretar la convocatoria, invitando a cardenales y teólogos a reunirse en Trento el 15 de marzo de 1545.

Como hemos dicho, el papa temía las consecuencias que podían derivarse del concilio, que se convocaba y desarrollaría bajo la sombra del águila imperial, y prefería una acción directa contra los protestantes que de tener éxito lo haría innecesario, manteniéndose intacto el poder vaticano.

En tal sentido, el cardenal Farnesio, legado papal, hizo saber a Carlos V que la Santa Sede estaba dispuesta a hacer fuertes aportaciones en hombres y dinero si se decidía a emprender una acción militar contra los protestantes.

Queriendo, todavía, jugar la carta de la negociación, el emperador convocó una dieta en Worms que se cerró sin resultado positivo.

Por fin, en diciembre de 1545 pudo reunirse el concilio en Trento. Pero los protestantes, cuestionando su legitimidad, optaron por no concurrir a él.

Era poco menos que una declaración de guerra, y así lo manifiesta Carlos en carta a su hermana María:

«... sólo nos resta la fuerza para obligarlos [a los príncipes protestantes] a aceptar condiciones razonables... Si ahora no intervenimos, los estados alemanes todos estarán en peligro de apostatar, y también los Países Bajos. Después de haber reflexionado mucho y vuelto a reflexionar, me decido a emprender la guerra...»

Aglutinados en la Liga de Schmalkalda, los príncipes protestantes también se preparaban para la guerra. Y no sin éxito: en pocas semanas levantaron un ejército de 60000 infantes y 15000 jinetes, más 120 cañones. Bastante más de lo que tenía Carlos V.

Pero no tenían a Carlos V. Sus jefes eran el landgrave de Hesse y el elector de Sajonia, hombres valientes y con capacidad de mando, en especial el primero, pero muy por debajo del valor y las capacidades de su contrincante.

De todos modos, las primeras acciones fueron favorables a los de Schmalkalda, que lograron sitiar a los imperiales en Ingolstadt, en la margen izquierda del Danubio.

«Nosotros no nos rendiremos», cantaban los sitiados, pero puede que hubieran tenido que hacerlo, o morir, de no haber decidido un buen día los protestantes levantar el cerco y retirarse. La única explicación de tan inexplicable hecho es el temor casi supersticioso que el primer capitán de Europa despertaba entre sus enemigos.

Considerando —erróneamente— que la guerra estaba ganada, el papa ordenó la vuelta a casa de sus tropas y cerró su bolsa al emperador, probablemente por su sempiterno temor a que un excesivo engrandecimiento de su poder lo perjudicara.

Para empeorar la situación, el enemigo por antonomasia de Carlos, Francisco I, rey de Francia, tras desoír durante mucho tiempo los cada vez más apremiantes pedidos de ayuda de los protestantes, ahora se decidía a concederla. Para él vencer a Carlos era más importante que defender su propia fe.

La ayuda francesa pudo haber sido determinante para el resultado de la guerra, pero un hecho fortuito vino a impedirla, el 30 de marzo de 1547 murió Francisco I. (¿Mano de Dios? ¿Azar?)

Aunque sus tropas estaban muy menguadas en número y armamento, el emperador decidió que había llegado el momento de asestar un golpe definitivo a los de Schmalkalda, cuyo ejército, bajo el mando de Juan Federico, elector de Sajonia, se encontraba en Meissen, junto al Elba.

Informado de la llegada de los imperiales, el jefe protestante cruzó el río, considerando que por su anchura y profundidad constituía una excelente defensa natural, y se atrincheró tras las sólidas fortificaciones de la ciudad de Mühlberg.

El 24 de abril de 1547 llegaron al Elba las tropas imperiales. No había más remedio que cruzarlo para atacar y en el agua penetraron con sus pesados arreos de guerra los arcabuceros españoles.

Desde las fortificaciones elevadas disparaban mortal fuego los artilleros protestantes y en el mismo río el elector de Sajonia había dispuesto un buen número de barcas pontoneras, desde las que también se disparaba un fuego intenso y certero.

Apoderarse de las barcas era el primer objetivo de los atacantes, pero la misión era punto menos que imposible. La cortina de fuego paralizaba el avance y a ella se sumaba la profundidad de las aguas y la dificultad de mantener el equilibrio en un fondo irregular y cenagoso.

Los jinetes podrían haber cruzado el río con éxito de no haber sido tanta la potencia del fuego enemigo, que hacía fácil blanco en los cuerpos de los caballos.

Ordenar la retirada parecía la única solución sensata y sobre ello estaba meditando don Fernando Álvarez de Toledo, el mítico tercer duque de Alba, al mando efectivo de las tropas, cuando un ayudante le hizo saber que un aldeano que decía tener importante información quería hablar con él. Tan desesperada era la situación, que el gran jefe militar no dudó en atenderle.

El humilde campesino, descubierto y tartamudeando, se declaró católico y dispuesto a ayudar con su conocimiento del terreno a las tropas que defendían su religión.

Y lo que él conocía era nada menos que un vado situado a corta distancia que permitiría a los imperiales atravesar el Elba sin riesgos.

Comprobada por los zapadores la veracidad de la información por el vado se lanzó en tromba el ejército, con Carlos V y el duque de Alba en cabeza.

La sorpresa, el empuje irresistible de los atacantes, el temor que el emperador inspiraba, todo se unió para desmoronar a los bien atrincherados y numéricamente superiores soldados de Schmalkalda.

La victoria fue tan rápida que apenas puede hablarse de batalla en el sentido estricto de la palabra. Sólo grupos aislados ofrecieron seria aunque inútil resistencia. El mismo jefe protestante, Juan Federico de Sajonia, intentó ocultarse en un bosque próximo, siendo descubierto y hecho prisionero. Con lo que terminó la lucha.

Mühlberg fue una victoria total y definitiva, que no acabó con los protestantes pero sí fijó los límites de su expansión.

Es conveniente tener en cuenta el hecho notable de que hoy, a finales del siglo xx, las fronteras del catolicismo y el protestantismo en Europa siguen siendo las de Mühlberg.

De haber sido otro el resultado de la batalla, pocas dudas caben de que se habrían cumplido las previsiones de Carlos V: «Los estados alemanes todos estarán en peligro de apostatar, y también los Países Bajos.»

La parte sur de Alemania y los Países Bajos son hoy mayoritariamente católicos. Gracias a Mühlberg.

Gracias a un humilde aldeano católico que mostró a los imperiales el camino de la victoria.

Merece un recuerdo.

También el azar.

¿AZAR O PREDETERMINACIÓN?

Enrique II de Francia nació en 1519, hijo del gran enemigo de Carlos V, Francisco I, y de Claudia de Francia. Cuando tenía sólo siete años fue enviado a España junto con su hermano mayor, Francisco, ambos en calidad de rehenes y para garantizar el buen comportamiento de su real padre. Derrotado en Pavía, el rey francés había sido liberado por la Paz de Cambrai, después de larga reclusión.

La prematura muerte del delfín hizo a Enrique rey en 1547. De su reinado, lo que más se recuerda es la persecución de los protestantes y su incondicional devoción por Diana de Poitiers, la cual, junto con el trono, heredara de su padre y que tenía veinte años más que él.

No carecía de talento y era el mejor bailarín y jinete, pero su voluntad era tan «paralítica» como las de más de uno de nuestros reyes. Por tal causa, se entregó a los favoritos: Montmorency, el duque de Guisa y su hermano, el cardenal de Lorena, el mariscal Saint-André.

Todos ellos tuvieron gran poder mientras duró su privanza, pero Diana de Poitiers los antecedió, sobrevivió y superó a todos.

Así comentó la situación su biógrafo, Ribier: «Siguiendo el ejemplo de Francisco, el rey no se hizo conciencia de tener a su mesa juntas a su mujer y a su concubina, como si estuviera obligado a pasar cada día de su vida a la vez en el matrimonio y el adulterio.

Diana, en una sola noche, era capaz de arruinar los trabajos de años de los funcionarios de Estado. Se metía en todo, era de codicia insaciable y durante doce años tuvo el cielo tan cerrado que no cayó sobre Francia ni una gota de justicia que no fuera a hurtadillas.»

Lo que ya es decir.

Enrique II era débil, propenso a la melancolía y entregado a ajenas voluntades, pero también sabía enfadarse y actuar cuando las circunstancias lo arrancaban de su consustancial apatía. Así ocurrió cuando la llamada «rebelión de la sal».

En 1548, estando el rey en sus posesiones del Piamonte, fue informado de que la población de las provincias francesas del sudoeste estaban en actitud de franca rebeldía como protesta por lo que consideraban abusivo impuesto sobre la sal (gabela).

Enrique II, con su fiel Montmorency, se puso en marcha hacia Burdeos, capital de la insurrección. De camino le llegó la noticia de que los recaudadores —«gabeleros»— habían sido asesinados y echados al río al grito de «¡Id a salar los peces del Charente!»

Ante el anuncio de la llegada de las tropas reales, los amotinados se asustaron hasta el extremo de no presentar lucha ni intentar la huida, limitándose a suplicar misericordia. Lo que no impidió a Enrique II ordenar —o permitir— que ciento cuarenta personas fueran quemadas y arrojadas al contaminado río mientras coreaba la soldadesca: «¡Id a asar a los peces del Charente que habéis salado con los cuerpos de los servidores de vuestro rey!»

Mientras el monarca iba del río al lecho de Diana de Poitiers, su legítima esposa —que era nada menos que Catalina de Médicis—, aun cuando por entonces no hubiera comenzado a ejercer de tal, matizaba sus soledades con la consulta a magos y hechiceros.

Aunque fuera incorrecto, se incluía entre éstos a Michel de Notredame (Nostradamus), que era en realidad un médico de gran cultura e inteligencia, aficionado, eso sí, a confeccionar horóscopos.

Para que realizara el de sus hijos fue llamado a la

corte por la reina, quien tomó en gran consideración las predicciones del vidente.

En 1555 Nostradamus había publicado la primera edición de su *opera magna*, las *Centurias*. En ellas, y con un lenguaje críptico que hace aun hoy casi imposible su interpretación (lo que ha permitido que cada investigador las traduzca a su mejor entender o a su mejor conveniencia), el autor profetiza sobre los sucesos que conmoverían al mundo en los dos mil años siguientes a la fecha de su publicación.

Conviene decir que hay en las *Centurias* predicciones notables, como las referidas al resurgimiento del islam en nuestra época, algo que nadie se hubiera atrevido siquiera a imaginar hace tan sólo dos décadas.

El amenazador fundamentalismo islámico, lamentable protagonista de la información periodística, fue exactamente anunciado por Nostradamus, como relatáramos en un trabajo publicado hace años.[1]

En la mencionada primera edición de las *Centurias*, de 1555, uno de sus cuartetos profetizaba una muerte regia en singular combate.

Catalina de Médicis, que amaba a su esposo pese a su institucionalizada infidelidad, de inmediato relacionó esta profecía con la afición de Enrique II a batirse en los torneos cortesanos.

Consultado Nostradamus por orden de la reina, dio a entender con suficiente claridad que su profecía se refería al monarca.

No era a su esposa a quien éste hacía más caso, así que siguió rompiendo lanzas contra todos los que se atrevieron a enfrentarse a él.

Pasaron cuatro años y sólo Catalina y el propio Nostradamus se acordaban de la profecía, cuando grandes fiestas, que incluían numerosos torneos, sacaron de la modorra a la corte francesa.

Continuando la política pragmática de su padre, que después repetirían otros reyes galos, Enrique II se alió en 1550 con los turcos y los príncipes protestan-

1. *El Islam,* Producciones Editoriales, Barcelona, 1972.

tes alemanes, para así beneficiarse de la que entonces se creía inminente derrota de Carlos V, puesto en jaque por Mauricio de Sajonia en Innsbruck.

Como es sabido, el emperador logró el imposible de dar un giro total y definitivo a la guerra con la concluyente victoria de Mühlberg y Enrique II tuvo que conformarse con la posesión de los obispados de Metz, Verdún y Toul.

En 1557, con Felipe II en el trono de España por haber abdicado en él Carlos V, el monarca francés, empujado por el papa Paulo IV, cuyo antiespañolismo era cualidad dominante, volvió a la carga.

Sus mejores generales, Montmorency y Coligny, rompieron las hostilidades, aquél hostigando la frontera norte italiana y éste preparando un gran ejército desde el principal baluarte francés en Picardía, San Quintín.

Pero antes de que el ejército francés se pusiera en movimiento, Filiberto de Saboya, comandante en jefe de los ejércitos españoles, invadió Picardía y puso sitio a San Quintín. De inmediato el de Montmorency acudió en ayuda de los sitiados, pero sólo para sufrir una total derrota que dejó sobre el campo o prisionera a la mayoría de la nobleza francesa y obligó a Coligny a rendir la plaza.

La derrota de San Quintín —que a España reportó El Escorial— marcó para Enrique II el punto más bajo de su reinado. Una nueva derrota en Gravelinas lo decidió a pedir a Felipe II la paz, que se obtuvo mediante el tratado de Cateau-Cambrésis, en 1559.

Quedaba convenido en él que el monarca francés daba a su hija mayor, Isabel, en matrimonio a Felipe II, viudo de María Tudor, y a su hermana, Margarita, al victorioso Filiberto de Saboya.

La boda de Isabel y Felipe se celebró en la catedral de Notre Dame, actuando en representación del novio el duque de Alba. Como curiosidad, diremos que el fiero militar no cumplió con el ritual de compartir lecho (aunque vestido) con la desposada, limitándose a colocar sobre él una pierna y un brazo.

Quizá también corresponda decir, aunque no haga

directamente al tema, que la bella novia sólo tenía trece años —Felipe II, treinta y dos— y aún no era núbil, por lo que el marido auténtico tuvo que refrenar sus impulsos cuando sí compartió lecho con ella en el bello palacio del Infantado, en Guadalajara.

Pero no pensaba en la miel de la Alcarria la joven reina de España durante los frenéticos días de su francesa boda por poderes. Bastante tenía con ir de fiesta en fiesta y de torneo en torneo.

En especial el que se efectuaría en el palacio Des Tournelles, porque allí su padre tendría ocasión de demostrar una vez más que no era el primer caballero de Francia sólo por su cuna.

En un alarde de valor, y también de alegría por la inmejorable boda de su hija y la buena paz conseguida, había desafiado a cuantos osaran enfrentarse a él, cualquiera que fuera su número.

Inútil que Catalina de Médicis le rogara que no lo hiciera, desempolvando una vez más la profecía de Nostradamus. A súplicas, lágrimas y profecías, Enrique respondía con carcajadas. Y no se cansaba de recordar a su esposa lo que era una verdad innegable: un torneo es un encuentro deportivo y amistoso, no la guerra.

Cumpliendo al pie de la letra su palabra, el rey luchó contra los que se atrevieron a desafiarle —fueron muchos— y a todos venció. Caía la tarde cuando, por fin, pudo levantarse la visera para secar el sudor que corría por su cara. Por primera vez en todo ese interminable día, Catalina se atrevió a distender su rostro en una sonrisa.

También se relajó Diana de Poitiers, quien, aunque poco proclive a creer en profecías, se había contagiado del temor de la preocupada esposa y reina.

De pronto, las sonrisas de ambas mujeres se cambiaron por gestos de preocupación en Diana y de crispación en Catalina.

Las dos habían visto que Enrique había hecho caer la visera sobre el rostro y, al lento paso de su sudoroso caballo, regresaba al palenque.

Cuando creía terminado el torneo, no sin sorpresa

vio que un caballero todavía mantenía su lanza en alto, inequívoca señal de desafío. Era su buen amigo, el conde de Montgomery, capitán de la guardia escocesa. Excelente justador, pero a quien él no dudaba en vencer, al menos en ese día feliz.

Sin más dilaciones que el obligado saludo, los dos jinetes se lanzaron lanza en ristre uno contra otro. Tal como todos esperaban que ocurriera, Enrique desmontó a su adversario y su victoria fue celebrada con un grito de júbilo, que unió a reina, amante, nobles y plebeyos.

Pero entonces, primero los más próximos y después todos vieron que el rey se llevaba las manos a los ojos y, casi desfallecido, se dejaba caer del caballo.

Aun antes de quitarle el yelmo, sus ayudantes ya habían comprendido lo ocurrido. Algo casi imposible, que nunca ocurría.

Al entrecruzarse las lanzas, se rompió la del conde contra la visera del rey, clavándose una astilla en uno de sus ojos y llegando, como más tarde se comprobaría, hasta el cerebro.

Entre horribles sufrimientos, Enrique II agonizó durante diez días hasta entregar su alma a Dios el 10 de julio de 1559.

La profecía de Nostradamus[2] decía textualmente:

El león joven al viejo vencerá
en campo de batalla y en duelo singular,
en una jaula de oro los ojos le romperá,
para luego morir, triste opción, de muerte cruel.

¿Predeterminación o azar?

2. Versión de Jean-Charles Pichon, *Nostradamus descifrado*, Plaza y Janés, Barcelona, 1972.

ENTRE ESPAÑA E INGLATERRA, LOS ELEMENTOS

Durante cuatrocientos años británicos de a pie y de a pluma sostuvieron que la derrota de la Armada Invencible se debió a la acción de los marinos ingleses; es decir, que fue vencida en combate.

Al cabo de los cuatro siglos, y como homenaje —suponemos— menos a la efemérides que a la comunidad que nos une, británicos oficiales han reconocido que no fueron cañones sino elementos los que decidieron la suerte de la Armada.

A partir de 1580, Felipe II era rey de Portugal, además de serlo de España. Aparte la siempre soñada unificación política de la península con la consiguiente unión de los dos imperios coloniales más grandes del mundo, esto significaba la extensión de España hacia el Atlántico, ya entonces coto de caza de los corsarios ingleses.

Los galeones españoles llegaban de América cargados de tesoros que Drake y sus congéneres no estaban dispuestos a dejar pasar. Eran excelentes marinos, valientes guerreros y contaban con la explícita bendición de Isabel I, su reina, así que no es de extrañar que lograran causar graves perjuicios a la economía hispana.

Como es sabido, no se limitaron a atacar barcos; en su osadía llegaron hasta ocupar ciudades costeras americanas por cuya liberación obtuvieron buenos doblones.

Los ataques de los piratas eran constante motivo de preocupación para la corte española, pero claro está que no fueron solamente ellos los que llevaron a Felipe II a intentar la invasión de Inglaterra.

Había otras motivaciones de más peso; la religión en primer lugar. Al repasar los grandes lineamientos de la política española del siglo XVI, y en consecuencia las acciones que de ellos se derivaron, debemos tener siempre presente que para los monarcas de ese siglo —y también de los siguientes, aunque en menor medida— la defensa de la religión católica fue seña de identidad, misión y divisa.

La Iglesia de Inglaterra, brillantemente dirigida por Isabel, había perseguido con implacable saña a los católicos, quitando a los nobles sus propiedades, títulos, derechos y en muchas ocasiones la propia vida. En cuanto a los humildes que seguían fieles a Roma eran entregados a señores de probada fe «reformada», perdiendo los poquísimos derechos que podían tener y, si persistían en su fe, también la vida.

En 1578 había muerto Juan de Austria y con él la bella ilusión de liberar a la católica María Estuardo, desposarla y reintroducir el catolicismo en las islas por Escocia, con el seguro apoyo de los irlandeses.

En cuanto a la infortunada María, como seguía tentando a los católicos aun estando prisionera, Isabel la hizo matar en 1587.

Porque María Tudor —católica y esposa de Felipe II— ordenó la muerte de algunos jefes protestantes, hasta el día de hoy los ingleses la llaman «María la Sangrienta» (Bloody Mary, vodka y zumo de tomate, rojo como la sangre). A Isabel I, que mató muchos más católicos que María protestantes, se la sigue llamando «la buena reina Bess».

Desde su infancia, Felipe II había soñado con devolver Inglaterra al catolicismo; creyó poder lograrlo cuando fue rey consorte, pero la falta de heredero y la pronta muerte de María Tudor impidieron que el sueño se convirtiera en realidad.

Curiosamente, el católico monarca sentía una especial atracción por la protestante Isabel; admiraba sus dotes físicas e intelectuales y creía poder devolverla a Roma. Para lograrlo, cedió a muchas de sus exigencias cuando fue rey consorte y, una vez viudo, llegó a intentar casarse con ella, pero no logró más que una rotunda negativa.

No sería el único en intentarlo y en ser rechazado. Isabel se ganó de pleno derecho el mote con el que se la conoce: la Reina Virgen. No pudo dejar de serlo ya que una mueca de la naturaleza la privó de sexo.

Existía otro motivo importante para el interés de España en «neutralizar» a Inglaterra y era el importantísimo apoyo que desde las islas recibían los rebeldes flamencos. Aparte armas, municiones, dinero y refugio, los ingleses aseguraban a los flamencos la libre navegación entre sus puertos, gracias a su control absoluto del canal de la Mancha (que los ingleses siempre llamaron y siguen llamando British Channel).

Entre 1581 y 1583, Felipe II se instaló en Lisboa y desde allí ordenó la conquista de las Azores, donde se había hecho fuerte el prior de Crato, don Antonio, tenaz pretendiente al trono portugués y que contaba con fuerte ayuda francesa. Al frente de una escuadra hispanoportuguesa, el gran marino Álvaro de Bazán, marqués de Santa Cruz, aniquiló a seguidores de don Antonio y franceses, asentándose sólidamente en las islas, excelentes puertos de escala para la flota de las Indias.

Es a partir de esta victoriosa operación que Felipe II comienza a pensar seriamente en una acción ofensiva contra la Inglaterra protestante, productora de piratas y protectora de rebeldes flamencos.

El marqués de Santa Cruz era uno de los más entusiastas propulsores del proyecto, pero no el único. El gran estadista Granvela lo consideraba prioritario por razones de política global y Alejandro Farnesio, gobernador de los Países Bajos, lo reclamaba con urgencia para cortar la más importante fuente de ayuda con que contaban los flamencos.

El plan tenía también sus detractores, a los que había que sumar la renuencia de Felipe II a tomar decisiones, así que pasaron varios años hasta que se decidió ponerlo en marcha. A que ello ocurriera contribuyó grandemente Francis Drake con sus violentas incursiones en el Caribe y sus golpes de mano a los barcos cargados de oro y plata.

Felipe II en persona presidió las reuniones en las que se discutió sobre la mejor manera de llevar a cabo tamaña empresa. Como era su costumbre, pero con mayor asiduidad, recabó la opinión de todos los que mejor podían darla. En primer lugar, naturalmente, el jefe de la Armada, marqués de Santa Cruz, pero también Alejandro Farnesio, genio militar y conocedor como nadie de las ciudades, puertos y canales de los Países Bajos.

Tanto Santa Cruz como Farnesio eran hombres de fuerte personalidad, clara inteligencia y acostumbrados al triunfo; uno en el mar y el otro en tierra, eran los mejores.

El rey lo sabía y eso lo llevó a establecer un doble mando: Santa Cruz sería jefe de la escuadra y Farnesio de las tropas de invasión. Pero el marino estaba en España —o en la mar— y el militar en los Países Bajos, actuando el mismo Felipe como enlace entre ambos, lo que inevitablemente produjo a descoordinación y retrasos.

De todos modos se estructuró un plan general que consistía en la «puesta a punto» de una gran escuadra, en tanto Farnesio concentraba en Flandes un ejército de 30 000 hombres que oportunamente sería transportado por los barcos de Santa Cruz. El lugar elegido para comenzar la invasión era el cabo de Margate, en el condado de Kent y a corta distancia de Londres.

Confirmando sus excepcionales dotes de estratega, Farnesio obtuvo del rey autorización para asegurar la retaguardia antes de iniciar las operaciones.

Francia no era aliada oficial de Inglaterra pero podía serlo en cualquier momento ya que era permanente su interés por evitar aún mayores engrandecimientos de España.

Ocupaba el trono el débil Enrique III, teniendo

como sucesor a Enrique de Navarra, convicto y casi confeso hugonote, así que fue fácil a Farnesio —y a la diplomacia española— impulsar el fuerte partido católico de los Guisa, que llegó a ocupar París en vísperas de la invasión a Inglaterra. Francia no sería problema.

Menos fácil era conseguir «espaldas seguras» en los Países Bajos, agitados como casi siempre por la rebelión protestante. Además, Farnesio quería asegurarse la posesión de un puerto de tamaño y profundidad adecuados para concentrar la flota. No lo consiguió, como tampoco la pacificación total de las provincias, teniendo que conformarse con el puerto de Dunkerque y una paz relativa aunque suficiente.

Si en 1944 la potencia más poderosa que el mundo haya conocido, contando con el total apoyo de otras potencias, tardó casi dos años en poner a punto la invasión de Francia, no debe sorprender que España, en el siglo XVI, tardara tres o cuatro en iniciar la de Inglaterra.

Pudo haberse realizado en el verano de 1587, y es lícito creer que otro hubiera sido el resultado, pero un audaz golpe de Drake obligó a retrasarla un año más.

Actuando con la sorpresa y decisión que eran sus habituales armas, el pirata inglés cayó sobre la flota de las Indias, fondeada en Cádiz, destruyendo o capturando más de veinte barcos con los que contaba Santa Cruz para apoyo de su armada, concentrada en Lisboa.

De todos modos, y cediendo a las crecientes —y muy justificadas— impaciencias de Felipe II, Santa Cruz declaró estar dispuesto a zarpar en procura de Inglaterra a últimos de febrero de 1588.

Aquí el azar interviene por primera vez.

El 9 de febrero, en Lisboa y por causas naturales, murió Álvaro de Bazán, marqués de Santa Cruz, el mejor —el único— capitán capaz de llevar a buen puerto la inmensa empresa que se intentaba.

Guiado seguramente por las prisas y el deseo de poner la armada en manos de un hombre de fidelidad más que probada, Felipe II eligió para sucederlo al joven, leal, capaz, pero en absoluto marino Alonso de Guzmán, duque de Medina Sidonia.

Como capitán general de Andalucía, este yerno de la princesa de Éboli había colaborado activamente en la construcción primero y en el aprovisionamiento después de la flota de invasión. Con sólo treinta y ocho años, destacaba entre los altos funcionarios del reino por sus dotes de organizador y capacidad de trabajo, pero nada —excepto el Guadalquivir— lo unía con el mar.

Hay que decir en su descargo que hizo lo imposible por zafarse de tan pesada carga, empleando todo tipo de argumentos: desde el muy razonable de su absoluta falta de conocimientos navales, hasta el pintoresco de su temor al mareo. Inútilmente; cuando Felipe II tomaba una decisión era casi imposible que se volviera atrás.

Medina Sidonia no era marino pero sí organizador y de los buenos, aparte de no ser nada tonto. Conocía muy bien todo lo relacionado con la escuadra ya que había participado en su construcción y aprovisionamiento, así que pudo dar órdenes muy atinadas.

Estaba convencido de que no habría abordajes sino combates a distancia, por lo que intentó —sin éxito— aumentar la dotación de cañones de largo alcance. Mejor fortuna tuvo en su pedido de más barcos ya que el rey se decidió a poner bajo su mando los ocho galeones que servían de escolta habitual a la flota de las Indias.

Por fin, en mayo de 1588, la escuadra estuvo lista para zarpar desde Lisboa. La integraban dos escuadras de galeones, barcos pequeños de reconocimiento y escolta y una masa de transportes armados, hasta un total de 130 embarcaciones. A su bordo iban, además de las tripulaciones, unos diez mil soldados para reforzar las fuerzas de Farnesio.

Aunque en un principio éste había logrado reunir casi treinta mil hombres, escaramuzas, enfermedades y deserciones habían reducido ese número hasta poco más de diecisiete mil. De todos modos, se trataba del más aguerrido y disciplinado ejército de Europa. Y estaba mandado por el mejor jefe.

Mientras la armada española navegaba lentamente hacia el canal de la Mancha, los ingleses se debatían entre la confusión y la desesperanza.

Carecían de defensas adecuadas sus ciudades y el número de soldados que podían oponer a los atacantes era ridículamente bajo. En Kent, región prevista para el desembarco, sólo había cuatro mil. Y, como también ocurría en el resto de Inglaterra, milicianos recientemente reclutados, con mínima preparación militar.

Consciente de la desfavorable relación de fuerzas terrestres —sin contar con que los católicos podían volcarse en favor de los españoles—, Isabel I decidió que la única forma de vencer a los invasores era que nunca llegaran a serlo. Para ello confió la escuadra a Thomas Howard, su mejor capitán, y le dio como segundo nada menos que a Francis Drake. En cuanto a barcos, su número era escasamente inferior al de los españoles.

Pese a que la escuadra inglesa estaba mejor mandada, poco o nada pudo hacer para impedir que los españoles entraran en el canal de la Mancha. Howard atacó sus flancos y su retaguardia, pero siempre desde prudente distancia y sin atreverse a acciones de mayor envergadura; en consecuencia, los daños que ocasionó fueron mínimos.

La armada llegó a Calais y muchos hasta entonces descreídos de toda Europa empezaron a considerar la posibilidad de que la cruzada de Felipe II alcanzara un éxito que podía ser rápido y hasta total.

También consideraban esa posibilidad Howard y Drake ante la inminencia del encuentro de la armada española con los hombres de Farnesio, lo que significaría el comienzo de una marcha que, mucho lo temían, sólo acabaría en Londres.

A la desesperada, Howard concibió una acción menor que le reportaría inesperados beneficios.

El 7 de agosto lanzó contra la armada fondeada en Calais a ocho de sus barcos convertidos en brulotes. Cargados sus cañones para que dispararan accionados por el calor, los llenaron de pólvora y materiales inflamables, les pegaron fuego y los enviaron hacia el enemigo con sus timones trabados.

Medina Sidonia esperaba alguna acción de ese tipo y había establecido una línea de defensa compuesta por embarcaciones rápidas y botes, cuyas tripulaciones disponían de arpones para detener los brulotes y dirigirlos hacia la costa. Así lograron hacerlo con dos de ellos, pero los otros seis consiguieron pasar, aunque no dañaron ningún barco.

Como estaba convenido, Medina Sidonia disparó un cañonazo para alertar a sus capitanes y sacó su navío del puerto, regresando a él poco más tarde para descubrir que la flota no estaba allí y desesperarse en las horas siguientes al ver que no volvía.

Sólo al día siguiente, 8 de agosto, los barcos pudieron reagruparse frente a Gravelinas, aunque atacados sin cesar por los crecidos ingleses.

Entonces fue cuando el azar intervino por segunda y definitiva vez.

En cumplimiento de lo acordado con Medina Sidonia, Farnesio, en Dunkerque y Nieuport, había embarcado su ejército en varios centenares de barcazas, pero no podía ir al encuentro de la flota porque un fuerte viento contrario se lo impedía.

La flota, entretanto, se batía contra los ingleses en Gravelinas, pero mucho más contra la borrasca, pronto convertida en una turbonada que dispersó a los barcos que no averió o destruyó.

En el encuentro los ingleses lograron causar a los españoles un número no pequeño de bajas humanas, pero sólo dejaron fuera de combate cuatro naves.

Está claro que pérdidas tan irrelevantes no pudieron acabar con el plan de invasión —el poderosísimo ejército de Farnesio estaba intacto—, pero los ingleses así lo afirmaron durante cuatrocientos años, elevando el modesto enfrentamiento de las Gravelinas a la categoría de magna y decisiva batalla naval.

Mientras Farnesio, mordiendo su impotencia, ordenaba el desembarco de sus tropas, Medina Sidonia, definitivamente perdido el rumbo, iniciaba un dantesco periplo por las islas Británicas. Perdiendo hombres y barcos por todas partes, en especial ante las costas de Irlanda, llegó, por fin, a Santander a finales de septiembre, con los restos de su escuadra y su mente al borde de la alienación.

Que haya dicho o no «Yo no he ido a luchar contra los elementos» carece de importancia; lo que sí la tiene es que fueron éstos y no los ingleses quienes lo vencieron.

Los elementos o, lo que es lo mismo, el azar.

EL AZAR ELIGE REINA DE ESPAÑA

No es frecuente que la elección de una reina se confíe al azar, pero eso fue lo que ocurrió, al menos una vez, en España.

Más aún. Los mismos que lo habían convocado intentaron burlar su decisión, pero el azar se salió con la suya.

Este relato debería titularse «Nadie vence al azar».

Felipe II, el hombre que gobernó el imperio más grande de la tierra, tuvo cuatro esposas durante su larga vida, siendo su mayor preocupación con todas ellas asegurar la sucesión.

Ya con la primera, María Manuela de Portugal, tuvo un hijo varón, pero fue el desdichado don Carlos de la tragedia y la leyenda, y pronto supo su padre que no estaba en condiciones de heredar el trono.

La muerte del príncipe, en las circunstancias por todos conocidas, puso el punto final.

El breve matrimonio con María Tudor no dio frutos, que sí llegaron con la bella y alegre Isabel de Valois, pero en forma de niñas. El fallecimiento de la reina cuando sólo tenía veintidós años impidió la posible llegada de un varón.

Que, por fin, trajo al mundo la cuarta y última esposa de Felipe II, Ana de Austria.

Esta hija del emperador Maximiliano II había sido elegida por el monarca español atendiendo a la probada fecundidad de su madre, que había dado a luz nada menos que catorce hijos.

Ana no defraudó las expectativas ya que en los diez años que duró el matrimonio, hasta su muerte, tuvo cinco hijos, cuatro varones y una niña. Infortunadamente, sólo alcanzó la edad adulta el mayor, Felipe, precisamente el más débil y enfermizo de todos.

Desde que dejó a sus nodrizas, el nuevo príncipe de Asturias fue vigilado, podría decirse que «día y noche», por su regio padre, quien vivía obsesionado por el temor de que pudiera morírsele su hijo y heredero.

Incluso de sexo muy poco sabía el príncipe porque Felipe II, seguramente recordando el poco caso que había hecho de las recomendaciones de su padre, el gran Carlos V, se ocupó personalmente de ser mejor obedecido.

El previsible resultado de tan neurótica preocupación paterna fue un adolescente totalmente privado de voluntad.

Hasta tal punto que, cuando el padre llegó a las puertas de la muerte, pudo decir con dolor a sus íntimos: «El Cielo, que tanto me ha dado, me ha negado un hijo capaz de gobernar mis estados; temo que me lo gobernarán.»

Y así fue: lo gobernaron. A Felipe III, junto con el comienzo —lento— de la decadencia, le cupo el discutible honor de haber introducido la figura y persona del valido en la moderna historia de España.

Pero no era todavía rey el príncipe de diecisiete años cuando su precavido padre decidió llegado el momento de buscarle esposa.

Por aquellos tiempos un heredero del trono de las Españas tenía pocas princesas de su rango para elegir. Tratándose, además, de un Habsburgo, estaba claro que tenía que buscar dentro de la familia.

Ya se sabe que sólo Dios estaba por encima de un Habsburgo y sólo otro Habsburgo a su mismo nivel.

Un rápido repaso de los niveles de fecundación de las princesas familiares señaló sin posibilidad de error a María de Baviera —rama Wittelsbach de los Habsburgo—, viuda del archiduque Carlos de Estiria, quien diera a su marido quince hijos.

Según los sencillos —y no necesariamente inexactos— conocimientos genéticos de la época, de una madre prolífica tenían que salir hijas fecundas.

Cabe decir que ahí terminaban los conocimientos genéticos, por lo que el hecho de que tanto el archiduque Carlos como su viuda fueran, cada uno por su lado, primos hermanos de Felipe II no preocupaba a nadie.

El lamentable endiosamiento de los Habsburgo —por otra parte en casi todo grandes— los llevó a una endogamia que en más de una oportunidad rozó el incesto y que fue causa primera y principal de la decadencia y desaparición de la dinastía en España y, hasta cierto punto, de la decadencia de la misma España.

De sus quince hijos, María podía ofrecer a Felipe cuatro muchachas solteras y en edad de merecer: Catalina, Gregoria, Leonor y Margarita.

Bien informado por sus sagaces espías, el monarca español desechó de inmediato a Leonor por su frágil salud —sobreviviría a todas sus hermanas—, así que las candidatas quedaron reducidas a tres.

Como era de rigor hasta Daguerre, sus retratos fueron enviados a España para que el novio hiciera la correspondiente selección.

Pero el novio ya padecía esa «parálisis de voluntad» que Marañón diagnosticaría en su hijo, Felipe IV, así que se negó a elegir por sí mismo a la compañera de sus futuros días y noches, transfiriendo la responsabilidad a su augusto padre, quien, naturalmente, se negó en redondo a aceptarla.

La situación había caído en un peligroso punto muerto cuando entró en escena la simpática, inteligente y alegre Isabel Clara Eugenia, hija predilecta de Felipe II (e Isabel de Valois).

Riendo, como era su costumbre, sugirió que, ya que padre e hijo no se ponían de acuerdo, se dejara al azar la elección. Sugirió que, una vez «barajados» por ella, los retratos se pusieran de cara a la pared y el novio señalara uno de ellos.

Hubo resistencia inicial del rey, pero, dado que no era tan serio como sus detractores suponen y nada negaba a su hija, cedió a sus insistencias y se hizo como ella había propuesto.

Después de larga, nerviosa indecisión, urgido por la impaciencia de su hermana, el novio presunto acercó un tembloroso índice a uno de los retratos.

En seguida Isabel dio el nombre de la agraciada: era Margarita, la menor.

Pero el rey, que había dado su consentimiento al juego, se negó a aceptar el resultado, aduciendo que no era serio confiar al azar la elección de una esposa que, además, iba a ser reina de España.

La hija predilecta protestó, pero por una vez Felipe II no se dejó convencer. Con voz que sus hijos sabían no admitía réplica, anunció que ante la indecisión del príncipe decidiría él mismo. Y eligió a la mayor, Catalina.

Una alegre comitiva partió muy pronto de El Escorial para llevar la buena nueva a Graz, sede de la corte de María de Baviera. Pero cuando llegó a su destino no la esperaban alegres banderolas sino fúnebres colgaduras.

Unos días antes, la que ya casi era reina de España había muerto por culpa de una gripe.

Triste regreso de la comitiva.

Nuevo consejo de familia, nueva indecisión del novio, nuevo *diktat* paterno: la futura reina de España será la que sigue en orden cronológico, Gregoria.

Habiendo pasado el tiempo mínimo de luto riguroso, otra comitiva no menos alegre que la anterior llega a Graz.

Sorpresa y desconcierto: hay colgaduras fúnebres en la ciudad.

Lo que ni el peor guionista de culebrón televisivo se hubiera atrevido a ofrecer a sus televidentes lo ofreció la realidad, como siempre superando sin complejos a la ficción: a consecuencia de unas fiebres, también había muerto Gregoria.

Triste regreso de la comitiva.

Para que haya elección tiene que haber, al menos, dos candidatos. Ahora sólo queda una y, claro está, es la elegida.

Se llama Margarita y es la que el dedo de Felipe —el azar— designara inicialmente para ser su esposa y reina de España.

Aún no tenía catorce años la princesa cuando supo de su elección, y acababa de cumplirlos y de casarse por poderes cuando era ya reina por haber fallecido Felipe II.

Margarita de Estiria fue buena esposa y buena soberana. Hizo feliz a su marido y dio ejemplo a sus súbditos por su elevada religiosidad y entrega a los necesitados.

También hizo honor a la fecundidad familiar teniendo ocho hijos en tan sólo doce años de matrimonio «efectivo». Algunos de ellos murieron niños, pero otros llegaron a la edad madura; entre ellos, el futuro Felipe IV y Ana, la que sería esposa de Luis XIII y de quien también nos ocuparemos en este libro.

Amada por todos, con sólo veintiséis años murió Margarita, en 1611.

Porque las circunstancias de su muerte no parecieran a todos suficientemente claras o porque el cariño que había sabido despertar entre sus súbditos llevara a éstos a negarse a aceptar pasivamente su desaparición, se habló insistentemente de envenenamiento.

El mismo Quevedo, hombre de pocos afectos, por el que sentía por la reina se sumó a las sospechas, escribiendo en *Grandes anales de quince días*: «Enfureciéndose el sentimiento, que fue grande, con la falta de reina tan soberana, y decían todos que la vida de su majestad fue muerta de abreviada y no de enfermedad, y que de su fin tenían más culpa los malos que los males.»

En bello homenaje a su memoria, Felipe III se negó a volver a casarse y consagró sus últimos años a intentar —sin éxito— convencer a su hijo y heredero de que no reiterara su error de dejar que otros gobernaran España. Poco antes de morir, le dijo: «Si me diera vida el Cielo, cuán de otra suerte gobernara.»

Si el Cielo le hubiera dado otra oportunidad, seguramente habría elegido por sí mismo a Margarita sin permitir que su padre intentara burlar el azar.

Claro que, de todos modos, el azar se salió con la suya.

DE LA TORMENTA NACIÓ EL SOL

Luis XIII nunca tuvo buena prensa. Fue débil, enfermo siempre, dependiente de favoritos —especialmente del cardenal Richelieu— e involuntario instrumento de los manejos de su madre, María de Médicis, hasta su mayoría de edad.

A recordar que su padre era Enrique IV («París bien vale una misa»), asesinado en 1610.

María de Médicis era pro española, así que maniobró hasta lograr para su hijo la mano de Ana de Austria, hija de Felipe III, cuando Luis, ya rey, sólo tenía catorce años.

Fuera porque se le había impuesto o por «incompatibilidad de caracteres», el real consorte odió desde el primero hasta el último día de su matrimonio a su regia esposa.

Entre otros defectos, Luis XIII era misógino, pero esto no le impedía cumplir con la familiar obligación de tener amantes. Aunque no tan publicitadas como la de sus sucesores, algunas lograron pasar a la Historia.

Madame de Hautefort, por ejemplo. De ella se decía que su sola sonrisa despertaba los sentidos de su señor. Lo malo del caso es que ella no se limitaba a sonreír: reía a carcajadas. No con Luis, sino de Luis, que la aburría espantosamente.

La de Hautefort se aburría con un amante demasiado casto para su gusto.

Había más. La amante del rey era leal sólo a la reina (curiosa ambivalencia sólo posible en Francia), y cumplió un destacado papel para evitar que se descubrieran las actividades conspirativas de Ana de Austria.

Suecia, Dinamarca, los principados alemanes y otros estados protestantes luchaban contra las católicas Austria y España, y la católica Francia combatía en el bando de los protestantes. Curiosa ambivalencia sólo posible en Francia.

Su española reina, lejos de tal «confusión de sentimientos», conspiraba activamente a favor de su hermano, nuestro Felipe IV, y el sagaz Richelieu no tardó en descubrirlo y en reunir pruebas más que suficientes para condenarla.

Como su poder era total, pudo, de haberlo querido, confinar a la reina en un convento, y estuvo a punto de inducir a Luis a que lo hiciera, pero, tras humillar a Ana obligándola a reconocer que había conspirado y mentido al ser interrogada, convenció a su real consorte para que la perdonara.

Esto ocurría en 1637, cuando los reyes llevaban ya veintidós años casados, largo lapso en el cual muy pocas coyundas habían mantenido.

Luis —lo hemos dicho— odiaba a su mujer, y ésta, ya en 1625, había enamorado locamente al duque de Buckingham, protagonizando entre ambos el famoso asunto del collar, que tanto hizo cabalgar a los «tres mosqueteros».

Aunque sin demasiadas prisas, el rey buscaba otras compañeras de lecho que fueran más apetecibles para él que su legítima esposa (y menos chuscas que Marie de Hautefort), y así dio con mademoiselle de La Fayette.

Louise de La Fayette es muy probable que haya sido el único auténtico amor de Luis XIII, quien la llamaba su «bello lirio». Pero ella lo era en realidad y no quería dejar de serlo.

La muchacha había decidido consagrar su vida a Dios, y el rey, aunque con la furia que es de imaginar, se inclinó ante tan poderoso Señor.

No por ello dejó de ver a su amada; sólo que las entrevistas se realizaban en el locutorio del parisino convento de la Visitación de Santa María y en presencia de otra religiosa.

No por perder carnalmente a Louise volvió el rey a su esposa. Por el contrario, se alejó hasta geográficamente de ella, recorriendo palacios y recalando casi siempre en Versalles, en tanto Ana, en el Louvre, bordaba imposibles conspiraciones para matar el aburrimiento.

El trono no tenía heredero y lo necesitaba, pero el rey ya había perdido las esperanzas de obtenerlo. En los primeros tiempos por curiosidad, después por las reconvenciones papales, y siempre para dar continuidad a la dinastía, Luis había ocupado esporádicamente el lecho conyugal, pero sólo para comprobar que la reina era incapaz de quedar embarazada. Aunque en alguna ocasión hubiera simulado estarlo.

De hecho, Ana quería que el trono pasara a su cuñado, Gastón de Orleans, contando con la previsiblemente próxima muerte de su esposo, aquejado de tuberculosis, entre otras cosas. Por tanto, se había resignado a no tener descendencia con mejor ánimo que Luis.

1637, con la comprobación de que su esposa lo traicionaba políticamente, fue un año especialmente duro para Luis XIII. No sentía ni había sentido nunca el menor afecto por Ana y no esperaba que ella lo sintiera por él, pero estar en connivencia con el enemigo excedía todo lo esperable de una reina de Francia. Que eso hubiera ocurrido, meditaba, era un fracaso propio.

Por otra parte no se le escapaba que era Richelieu y no él quien tenía el poder efectivo.

En los tristes días del invierno de 1637, Luis XIII se sentía fracasado como rey, como hombre y también como esposo, aunque nada hubiera hecho para alcanzar el éxito en tal carácter.

Cuando Felipe IV, el incorregible pecador, el eterno perseguidor de mujeres, fueran éstas duquesas o prostitutas, se sentía agobiado por los remordimientos, recurría epistolarmente a sor María de Jesús, más conocida como la monja de Ágreda.

Cuando Luis XIII estaba dolido, frustrado, eufórico, excitado, victorioso o derrotado, es decir, siempre, recurría personalmente a Louise de La Fayette, su «bello lirio».

Descargaba su corazón en el frío locutorio, hablaba de soledad, falta de amor, desengaños, traiciones, y ella le respondía con palabras de aliento y consejos que, curiosamente, Luis casi nunca seguía.

Especialmente cuando le rogaba que se deshiciera de Richelieu y se acercara a su esposa.

La enemistad de la novicia con el cardenal se debía a que éste forzaba a su rey a combatir junto a los protestantes, contra los católicos de quienes era príncipe. Luis no le hacía caso porque su visión era más política que religiosa.

Sabía, porque muy bien se lo había explicado Richelieu, que la derrota, o al menos el desgaste, de las dos principales potencias, España y el Imperio Romano Germánico, significarían la inmediata conversión de Francia en el primer Estado europeo.

A tan magna obra consagró su reinado Luis XIII y nadie duda hoy, como nadie dudaba en el siglo XVII, que el éxito que sin duda obtuvo al militante cardenal se debió.

En cuanto a reunirse con Ana de Austria, el rey no quería ni oír hablar. Por supuesto escuchaba con deferente atención las palabras de su adorada, pero en la mutua inteligencia que de la deferente escucha no se pasaría.

Versalles es hermoso en verano pero frío y desolado en invierno. Lo mismo el palacio que el pueblo, y mucho más los jardines. También es frío el inmenso Louvre, pero está en París, donde está la vida.

En la mañana del 5 de diciembre de 1637, contemplando desde las ventanas de su dormitorio el gélido espectáculo de los jardines cubiertos por la nieve, Luis XIII se estremeció al pensar que estaba rodeado de muerte.

Para escapar de tan deprimente pensamiento, decidió correr de inmediato al encuentro de la vida.

Es decir, abandonó Versalles en dirección a París y a Louise de La Fayette.

Como en París, en el Louvre, estaba su esposa, de quien huía como de la peste, hizo saber al príncipe de Condé que honraría su casa de Saint-Maur durmiendo en ella esa noche.

En la fría tarde invernal, Luis, como siempre, encontró en el locutorio de la Visitación el calor que buscaba.

Sólo que esta vez necesitaba oír más palabras y ver más sonrisas de la boca que él tanto amaba.

Para desesperación de su comitiva, pasaban las horas sin que el rey diera muestras de querer marcharse; cuando, por fin, se dispuso a hacerlo, era noche cerrada y se había desatado una terrible tormenta.

El arroyo de la calle de Saint-Antoine, donde se hallaba el convento, estaba convertido en auténtico torrente y los postillones hablaban de inundaciones en los alrededores de la ciudad.

Por eso, cuando el rey dio orden de marchar, el capitán de su guardia le hizo ver respetuosamente el peligro, por no decir la imposibilidad, de llegar hasta el palacio de los Condé, en Saint-Maur. A lo que Luis respondió que se esperara hasta que dejara de llover.

Así se hizo, pero la tempestad, lejos de amainar, fue a peor.

El capitán se permitió sugerir la conveniencia de ir al cercano Louvre, pero recibió por respuesta la orden de ponerse en camino hacia Saint-Maur.

La comitiva se puso pesadamente en marcha pero no alcanzó a recorrer más de unos cientos de metros. El agua cubría las calles, convertidas en ciénagas en las que se hundían las ruedas de las carrozas.

Muy a su pesar, el rey tuvo que acceder a la reiterada petición del capitán, y la comitiva terminó por ir al Louvre.

Aunque un guardia se había adelantado para informar de la regia visita al intendente, cuando Luis llegó a su residencia oficial se encontró con que sus habitaciones, largo tiempo atrás por él abandonadas, no estaban preparadas para darle cobijo.

Sólo estaban en condiciones, dijo el intendente, los aposentos de la reina.

Porque su precario estado de salud exigía inmediato descanso, porque estaba muy fatigado o, tal vez, porque las palabras de paz y de amor que había pronunciado Louise de La Fayette habían perforado el sólido blindaje de su corazón, Luis accedió a compartir lecho con su esposa.

Era, ya lo hemos dicho, el 5 de diciembre de 1637.

En la mañana del 6, pasada la tormenta, el rey dejó el Louvre camino de su refugio versallesco. Como era su costumbre, en las siguientes semanas no volvió a ver a su esposa ni de noche ni de día.

El 20 de enero de 1638 palacio hizo saber al pueblo de Francia que su reina estaba embarazada.

Ese día, naturalmente, el rey estaba en el Louvre, del que apenas se movería en los meses siguientes.

El 5 de septiembre de 1638, curiosamente a los nueve meses exactos de aquella tormentosa noche del 5 de diciembre, cañones y campanas anunciaban *urbi et orbe* que el tan esperado delfín había nacido.

El parto fue largo y difícil, lo que no es de extrañar si se tiene en cuenta que la madre era primeriza y tenía ya treinta y siete años.

Se cuenta que, viendo llorar a varias damas ante el temor de un desenlace fatal para Ana de Austria, les dijo el rey que lo importante era que se salvara el niño, así podrían consolarse con él por la muerte de la madre.

Cuando todo hubo acabado felizmente fue necesario que se lo pidieran para que accediera a besar a la feliz madre.

Después se retiró a sus habitaciones. Moriría casi seis años más tarde habiendo visitado a su esposa en contadísimas ocasiones, aunque las suficientes para procrear un segundo hijo.

En cuanto al primero, se le impuso el nombre de su padre. No había cumplido los seis años cuando era ya rey de Francia y lo seguiría siendo durante setenta y dos larguísimos y triunfales años más.

Durante ellos, y gracias a la inteligencia, patriotismo y visión de su rey, Francia alcanzó las más altas cimas de gloria y poderío.

Por eso a Luis XIV se le llamó y se le sigue llamando el Rey Sol.

Un sol que nunca hubiera brillado de no haber sido el 5 de diciembre de 1637 un día tan lluvioso.

EL «CROISSANT» DE SU DESAYUNO

Las últimas décadas del siglo XVII fueron difíciles para Europa. Aparte las constantes guerras casi civiles que enfrentaban a estados vecinos, el espectacular crecimiento de Francia bajo Luis XIV, unido a la decadencia en picado de España, gobernada —es un decir— por Carlos II, forzaba a reajustes que se adivinaban violentos.

En el pináculo de su poder, el Rey Sol quería ser el amo de Europa, lo que equivalía a ser el dueño del mundo. Para ello tenía que neutralizar al imperio, es decir, a Austria y a los Habsburgo. Hecho esto, España caería como un fruto maduro en sus manos, máxime porque el desdichado Carlos II ni descendencia podía tener.

Apresurémonos a decir que, en efecto, fue un Borbón nieto de Luis XIV quien sucedió al último Habsburgo, pero las cosas no sucedieron como él hubiera querido. Dicho de otra forma, el rey galo jamás dominó e incluso poco pudo influir en España.

Pero, a comienzos de la década de los ochenta, la situación se presentaba especialmente favorable para los planes expansionistas franceses. Desde la guerra de los Treinta Años habían ido de triunfo en triunfo sobre España y Austria, lo mismo en las batallas que en los tratados de paz.

En ese contexto un conflicto interno del Imperio Romano Germánico vino a alentar aún más al ambicioso propietario del Louvre.

Por graves enfrentamientos entre católicos y protestantes, pero también por su siempre presente resistencia al dominio austriaco, los húngaros estaban prácticamente en rebeldía contra Viena. Claro que nada o muy poco podían hacer contra los ejércitos imperiales grupos de hombres mal armados y desunidos, excepto si un caudillo era capaz de agruparlos y dotarlos de moral de victoria.

Ese caudillo fue el conde Tököly. Hombre valiente hasta la inconsciencia, duro con el enemigo, capaz de hacerse querer hasta el fanatismo por sus seguidores, y, por encima de todo, animado por un feroz odio hacia Austria.

Cuando logró reunir a los dispersos rebeldes y los convirtió en un eficaz ejército, capaz de enfrentarse y hasta vencer a los imperiales, no tardó en recibir generosas ofertas de ayuda de monarcas extranjeros.

Especialmente de los de Francia y Polonia. A los 15000 húngaros que lo seguían, pronto pudo sumar Tököly 6000 polacos, reclutados, armados y aprovisionados con dinero de Luis XIV.

Así las cosas, el todavía poderosísimo Imperio Otomano decidió volver, una vez más, sus ojos a Europa.

Como siempre, la puerta era Viena y los turcos pensaron que el eficiente y ahora poderoso conde Tököly podía proporcionarles la llave.

Detengámonos por un instante a imaginar lo que hubiera ocurrido de haber caído Viena —Austria— en poder de los invasores.

En primer lugar, los turcos se habrían instalado firmemente en el corazón mismo de Europa, expandiéndose a continuación sobre Alemania, quizá Italia, y seguramente Polonia y parte de Rusia.

Pero en segundo lugar, y esto puede resultar curioso, el mayor beneficio no sería para la Sublime Puerta sino para la en apariencia neutral y hasta inocente Francia.

Con el imperio Habsburgo destrozado y prácticamente inexistente, nadie hubiera podido evitar la absorción de España por Luis XIV. Y hay que tener en cuenta que esa «absorción» incluía nada menos que a toda América, más los Países Bajos y el resto de posesiones españolas diseminadas por el mundo.

Decir que, al menos durante los dos siglos siguientes, Francia hubiera sido lo que fue Inglaterra no es en absoluto una exageración. ¡Más bien es poco decir!

Por todo ello no es de extrañar —aunque pueda ser criticable— que Luis XIV prestara abierto apoyo a Tököly y cerrara sus oídos a las reiteradas y cada día más perentorias exhortaciones del papa Inocencio XI para que ayudara a los católicos Habsburgo, quienes eran menos optimistas que el pontífice, ya que estaban bien informados de los íntimos sentires de Luis XIV. «La conspiración de Francia con los turcos es evidente —escribía su embajador en París—: Francia quiere apoderarse del Rin y los turcos del Danubio.»

Más exito tuvo el preocupado papa en sus ruegos a Sobieski, rey de los polacos. Poniendo la religión por encima de la política —cosa que no siempre hacían los monarcas galos—, retiró su apoyo a Tököly y se volcó en favor de Austria.

Mientras esto ocurría en el campo cristiano, los turcos ultimaban sus preparativos de invasión. Siete años llevaban fabricando y almacenando material de guerra y reclutando y adiestrando hombres.

Al llegar la primavera de 1683 todo estaba a punto. El ejército otomano, mandado por el gran visir Kara Mustafá, contaba con 200000 guerreros, 300 cañones, 10000 carros, 2000 camellos, varios centenares de elefantes y un número incalculable de embarcaciones de todos los tamaños. A todo lo cual había que sumar los alrededor de veinte mil soldados de Tököly que, por su conocimiento del terreno y también por las simpatías que podían lograr entre las poblaciones conquistadas, servían de avanzada a la impresionante fuerza.

Aparte de los efectivos, armas y pertrechos, todos los historiadores destacan la profusión de lujosas tiendas de vivos colores, alegres músicas y centenares de banderas que acompañaban la marcha de los turcos, más parecida a un desfile triunfal que a una acción de guerra.

De hecho, poco tuvieron que combatir en su avance por tierras imperiales. Más aún, el duque de Lorena, primero en intentar detenerlos, tuvo que refugiarse en Viena, ya que los húngaros de su ejército se pasaron en masa a Tököly.

En la capital la sensación era de derrota. El emperador, Leopoldo I, animó al pueblo a defenderla con sus vidas pero a continuación la abandonó, seguido por la corte.

No quiere decir esto que su comportamiento fuera cobarde ya que lo hizo para mejor organizar la lucha, pero es de comprender que su actitud no debió de contribuir a animar a los que se quedaban; que no eran muchos porque se calcula en 60000 el número de civiles que huyeron a la retaguardia.

Viena sólo podía contar con los 10000 soldados dejados por el duque de Lorena y con los alrededor de 5000 ciudadanos que acudieron a la llamada de movilización general. En total, unos 15000 hombres para enfrentarse a 200000 aguerridos y enfervorizados guerreros.

Se nombró gobernador militar de la plaza a Rüdiger von Starhemberg, un valiente general de cuarenta y ocho años, quien de inmediato se encargó de mejorar las fortificaciones, bastante deterioradas. Para dirigir las tareas de apoyo al ejército y organizar la vida civil fue designado el conde de Kaplirz, un anciano de setenta y dos años que trabajó con tal entrega y eficiencia que aún hoy recuerdan su nombre los vieneses.

En tan sólo ocho días los dos jefes consiguieron reconstruir las murallas y plantar en ellas doscientos cañones, además de elevar la moral de tropas y pobladores, llegando a convencerlos de que Dios no permitiría que Viena cayera en manos del enemigo.

A partir del 10 de julio, avanzadas turcas comenzaron a tomar posiciones en alturas próximas y el 14 del mismo mes la ciudad estaba totalmente rodeada, sin posibilidad de contactar con el ejército que el emperador y el duque de Lorena intentaban formar en la margen izquierda del Danubio.

Tras un par de intimaciones a la rendición, que fueron de inmediato rechazadas, los turcos se prepararon para un largo asedio ya que estaban informados de la moral que reinaba en la ciudad.

Según el relato de numerosos testigos presenciales, llegaron a levantar hasta 25 000 tiendas, coronadas todas ellas por banderas con la media luna islámica. Destacaba la del gran visir, verde por fuera y oro y plata por dentro, en la que había numerosas salas y aposentos, baños y hasta pequeños jardines con surtidores.

El 15 de julio comenzó el ataque, siendo las sucesivas oleadas de invasores fácilmente diezmadas por el fuego artillero de las murallas. Una última exigencia de rendición, hecha llegar a los defensores el día 26, sólo motivó gestos de burla desde las almenas.

Todavía el 18 de agosto Starhemberg pudo enviar un mensaje al duque de Lorena —gracias al heroísmo de un oficial que logró atravesar las líneas turcas— en el que le decía: «... cuantas veces han asaltado han sido rechazados por los nuestros con tales pérdidas que no se atreven ya a sacar la cabeza de sus agujeros...».

Pero tan sólo nueve días más tarde, el 27 de agosto, otro heroico oficial llevaba al duque de Lorena un mensaje bien distinto: «Es el supremo tiempo para venir en nuestro auxilio; perdemos mucha tropa y muchos oficiales, más por enfermedades que por el fuego del enemigo. Todos los días mueren sesenta personas —a causa de la disentería, que también padeció el mismo Starhemberg—. No tenemos ya granadas, que eran nuestro mejor medio de defensa; nuestros cañones han sido en gran número inutilizados por el enemigo... Kara Mustafá continúa enfureciéndose contra la ciudad y arreciando como el demonio antes del Día del Juicio.»

En la primera semana de septiembre la situación de Viena era francamente desesperada. Las bajas de Starhemberg eran alucinantes: de los quince mil hombres con que inicialmente contaba, cinco mil habían muerto y otros seis mil estaban gravemente heridos o inmovilizados por las epidemias. En resumen, sólo le quedaban cuatro mil combatientes, una veintena de cañones y muy poca pólvora y municiones.

El día 4 los turcos lograron hacer estallar una mina bajo las murallas y se lanzaron en tromba por la brecha, pero los defensores lograron contenerlos, aunque conscientes de que nunca podrían repetir la hazaña.

El día 5, además de ordenar el encendido de fuegos en lo alto de la torre de la catedral de San Esteban en demanda de un auxilio que se empezaba a temer que nunca llegaría, Starhemberg se dirigió a los vieneses con vibrantes palabras: «¡Armad vuestros corazones! Mostrad a los bárbaros que Dios os ha tenido por dignos, a pesar de vuestro corto número, de defender la cristiandad...»

Era el final y todos lo sabían. Incluso el hecho de que los turcos se limitaran esos días a fuego artillero hacía comprender a los defensores de Viena que el asalto final era inminente.

En realidad, dada la situación de la plaza, cualquier intento turco sería el asalto final.

Así de mal las cosas, un ayudante llegó hasta el camastro en el que Starhemberg descansaba unos instantes con la noticia de que un humilde muchacho quería verle, insistiendo en que tenía algo muy importante que comunicar.

Tan desesperada era la situación que el jefe accedió a recibirlo.

El joven realmente tenía algo importante que decir. Se presentó como aprendiz de panadero, encargado, por ser el más nuevo, de encender el fuego de los hornos. Por ello era el primero en llegar a la tahona, cuando todavía era noche cerrada, pese a ser verano. En esas horas previas a la madrugada, dijo, venía escuchando desde varios días atrás ruidos que parecían provenir de las profundidades de la tierra.

Starhemberg no necesitó oír más. De un salto abandonó el camastro y se hizo conducir por el muchacho hasta la tahona, situada bien adentro de la ciudad, aunque, como esperaba, no lejos de las murallas. Con el tacón de su bota fue golpeando el suelo hasta escuchar el sonido que deseaba.

De inmediato, y siguiendo sus órdenes, hombres del recientemente creado Cuerpo de Mineros practicaron un orificio donde el sonido hueco denunciaba la existencia del previsible túnel y, descolgándose por él, esperaron a los zapadores turcos, que llegaron no bien caer la noche.

Murieron todos los zapadores y fue convenientemente cegado el túnel, que en cuestión de horas hubiera permitido al enemigo penetrar en el corazón de la ciudad y tomarla casi por sorpresa.

El 9 de septiembre avanzadillas del ejército polaco que Sobieski, fiel a su promesa a Inocencio XI, enviaba para salvar la que en esos momentos era capital de la cristiandad fueron divisadas por los vigías apostados en las torres de San Esteban.

Eran sólo 84000 hombres —la mitad de los que todavía tenía Kara Mustafá— pero estaban llenos de fe en Dios, en su jefe y en la victoria. Irrumpieron como una irresistible fuerza de la naturaleza en los campamentos turcos y lograron asustar a hombres que jamás habían conocido el miedo.

Hubo combates terribles pero también desbandadas casi generales. El mismo gran visir a duras penas pudo escapar del campo de batalla sin llevarse más que lo puesto.

Atrás quedaron su fantástica tienda, las otras veinticinco mil y el bosque de banderas con la media luna.

La victoria de Sobieski fue festejada por todos los cristianos de Europa; excepto, claro está, por Luis XIV, que no había salido muy prestigiado del evento.

La retirada turca fue definitiva. Nunca más el Imperio Otomano intentó la conquista de Europa. Lepanto en el mar y Viena en la tierra marcan los límites del por siglos temible poderío turco.

Muy pocos días después de la gran victoria, Starhemberg llamó a su presencia al joven aprendiz de panadero. Emocionado y después de abrazarlo y reiterarle que había salvado a Viena, le instó a que pidiera lo que quisiera porque él, en nombre de la ciudad que tanto le debía, estaba dispuesto a concedérselo.

Entre vacilaciones y reticencias, el muchacho dijo que lo que más deseaba en la vida era poseer su propia panadería. «Ya la tienes —se apresuró a responder el general, y agregó—: Y para que no te falten clientes te nombro proveedor oficial del ejército.»

Tartamudeando por la emoción, pudo decir el joven héroe: «Yo haré siempre el pan en forma de media luna para que los soldados nunca olviden el peligro turco.»

La media luna islámica.

El *croissant* de su desayuno.

LA GUILLOTINA POR UN LUIS

El 14 de julio de 1789, burgueses liberales, menestrales y algunos nobles sensibles al cambio de los tiempos tomaron la cárcel de la Bastilla, dando con ello comienzo a la revolución más publicitada de la Historia.

Frutos de ella fueron la Declaración de los Derechos del Hombre, la negación radical de esos derechos durante el Terror, *La marsellesa* y Napoleón Bonaparte.

En 1789 reinaba en Francia Luis XVI, auténtico alter ego de su homólogo español Carlos IV: ambos eran ineptos, aficionados a los relojes, buenas personas y estaban dominados por sus esposas. Éstas, en cambio, no se parecían entre sí. En tanto la francesa se apasionaba con las joyas, la española se apasionaba con los amantes.

En 1789 ningún francés —o casi ninguno— quería abolir la monarquía; sólo se pretendía, y ya era bastante, crear las condiciones sociológicas y jurídicas para que la nación estuviera por encima de sus reyes y de sus caprichos. En resumidas cuentas se buscaba pasar del absolutismo a la monarquía constitucional.

Pero, ya se sabe, las revoluciones, además de «comerse» a quienes las realizan, crean sus propias dinámicas.

Por así decirlo, conforman una personalidad propia que es diferente de la suma de todas las de sus autores y va bastante más lejos de lo que éstos hubieran deseado ir.

Las bien intencionadas ideas de Rousseau llevaron al Terror y a Luis XVI a la guillotina. Por supuesto, la república que acabó con la monarquía condujo al imperio y éste nuevamente a la monarquía.

Todo, consecuencia de haber suplantado a un viejo y presuntamente irracional Dios por una joven y muy racional Razón. Aleluya.

Es que, ya se sabe, la vigilia de la razón produce monstruos mucho más peligrosos que los producidos por su sueño.

En 1790, Luis XVI juró ser fiel a Francia —la «nación»— y a la ley. Es probable que, como la mayoría de los historiadores afirman, sólo lo hiciera obligado por las acuciantes circunstancias, para salvar lo salvable de la monarquía y por comprensibles razones de seguridad personal y familiar.

Hecho por convencimiento o por temor, ese juramento era válido y significaba nada menos que la renuncia explícita al origen divino de la monarquía borbónica y, por lógica extensión, de todas las monarquías.

Esta creación de la monarquía institucional —y temporal—, más la Declaración de los Derechos del Hombre y *La marsellesa*, debió ser suficiente a los revolucionarios, que así hubieran permitido la subsistencia de la monarquía para felicidad de los franceses pasados y presentes, pero no lo fue.

Quisieron ir a más y llegaron al Terror, y por no querer tener rey legítimo, tuvieron emperador de opereta.

A comienzos de 1791, para Luis XVI, María Antonieta y el grupo no pequeño de fieles que aún tenían se hizo evidente que la imparable radicalización de la Asamblea Constituyente llevaría a acabar con la monarquía.

Algunos llegaban a temer que acabara con la vida misma de los monarcas. Así que les aconsejaban huir de París y de la no disimulada prisión en que se había convertido el palacio de las Tullerías.

Por otra parte, el peligro que la difusión de las ideas revolucionarias entrañaba para los reyes «por derecho divino» de toda Europa llevaron a éstos a actitudes en principio recelosas y a poco francamente agresivas contra el nuevo gobierno francés. Influían en ello los crecientes excesos revolucionarios y, en especial, la acción de los emigrados.

Muchos de ellos eran nobles que habían tenido mandos en el ejército y pronto se constituyeron en el núcleo principal de los propulsores de la huida real, sabiendo que podían contar con ayuda militar, oficial u oficiosa, de los países que les habían dado asilo.

Para finales de 1790 casi no había general o coronel emigrado que no hubiera elaborado su propio y más o menos fantasioso plan de fuga real.

Luis XVI y María Antonieta eran puntualmente informados de casi todos ellos, pero ambos, especialmente el rey, se negaban a huir.

Con demasiados siglos de monarquía a sus espaldas para dudar, Luis confiaba ciegamente en el cariño que su pueblo sentía —o debía sentir— por él. Su regia esposa, más inteligente, no estaba tan segura de los sentimientos populares pero, ya fuera por apego al poder o por tener a sus espaldas también ella demasiados siglos de poder Habsburgo, prefería permanecer en París, aunque sin dejar de enviar mensajes a Viena en demanda de ayuda.

Por fin, más que la opinión de sus consejeros, fue una vivencia personal lo que hizo cambiar de opinión a la real pareja.

A mediados de abril de 1791 los reyes decidieron hacer una visita a Saint-Cloud, pero al salir de las Tullerías fueron detenidos por hombres del pueblo que mantenían permanente guardia ante el palacio.

Aunque Luis XVI se avino a dialogar con ellos, asegurándoles que no estaba en su ánimo huir porque «os amo demasiado para abandonaros», los desconfiados revolucionarios lo obligaron a regresar a su residencia. Los soldados de la Guardia Nacional allí presentes ni se plantearon intervenir.

Quedó claro, incluso para ellos mismos, que los reyes eran prisioneros por más que el marqués de Lafayette, nombrado por los revolucionarios jefe de la Guardia Nacional, les asegurara lo contrario.

Catalina de Rusia, Federico II de Prusia y Gustavo III de Suecia estaban dispuestos a poner hombres, armas y dinero para combatir a los revolucionarios, o cuando menos a recibir a los reyes en sus tierras. Aunque más conciliador, Leopoldo II, el emperador Habsburgo, no era reacio a acudir a la llamada de la sangre. Y, por supuesto, la inmensa mayoría de los emigrados no deseaban otra cosa que volver a Francia en son de guerra.

Apoyos, pues, no le faltaban a la real pareja, así que, una vez tomada la decisión de huir, sólo restaba organizar la marcha.

De ello encargó Luis XVI al señor Bouillé y fue una decisión acertada, ya que el aristócrata era inteligente, leal y tenía bajo su mando un considerable número de tropas diseminadas por Lorena, Alsacia y el Franco-Condado.

En un plano más íntimo, también fue importante la intervención del aristócrata sueco Fersen, *chevalier servant* de María Antonieta, quien proporcionó el coche utilizado para la huida, además de sobornar con largueza a cuantos fuese menester.

Hizo más. Habiéndose decidido que los reyes y sus dos hijos viajaran juntos, había que buscar para los cuatro disfraces convincentes, lo que incluía pasaportes en regla, cosa nada fácil de obtener por aquellos días. Y él encontró la solución ideal.

Enterado de que una aristócrata rusa, la baronesa de Korff, acompañada por sus dos hijos, un intendente y dos camareras, saldría de París a mediados de junio, la convenció para que le facilitara sus pasaportes; ella, posteriormente, solicitaría otros aduciendo haber perdido los originales, lo que así hizo sin mayores problemas.

Resuelto este obstáculo, había que culminar la organización del viaje propiamente dicho, de lo que se encargó el señor de Bouillé con el entusiasta apoyo de varios oficiales jóvenes.

Fijó una ruta hasta la frontera que incluía Reims, pero el rey la vetó aduciendo que en dicha ciudad había sido consagrado y podía ser reconocido, disponiendo que el recorrido fuera por Châlons hasta la segura ciudad de Montmédy.

Bouillé objetó que eso obligaría a utilizar caminos secundarios, teniendo que atravesar la zona de Varennes, en la que no había casas de postas, y donde sus soldados harían sospechar a los lugareños, pero Luis XVI se mantuvo inflexible y hubo que obedecerle.

El día D fue fijado para la noche del 20 de junio de 1791. Grupos de soldados austriacos y alemanes, mandados por oficiales franceses, estarían apostados al este de Châlons, en Pont-de-Somme Vesle, Sainte-Menehould, Clermont, Varennes Dun y Stenay. Al igual que los caballos del coche real, los escuadrones se relevarían en cada escala real.

Conviene recordar que el palacio de las Tullerías estaba vigilado día y noche por medio millar de guardias nacionales y no era nada fácil para los reyes salir de él. En realidad, sin autorización y escolta, era materialmente imposible ya que todas las puertas tenían doble guardia.

Todas menos una. Porque sus centinelas habían sido sobornados oportunamente o porque Lafayette la dejaba sin vigilar para facilitar los ingresos nocturnos de Fersen a los aposentos de María Antonieta, una puerta estaba franca y por ella se dispuso la huida.

Disfrazado de modesto intendente, con casaca de seda, calzón corto y medias, todo en gris, zapatos con hebillas y sombrero de tres picos, el rey, seguido por su esposa y sus dos hijos, atravesó sin problemas la puerta en cuestión y ascendió al anónimo coche que esperaba a prudente distancia, con el mismísimo fiel y valiente Fersen al pescante.

Las salidas de París estaban bien vigiladas y también lo estaba la barrera de Clichy, donde el coche tuvo que detenerse, y Luis XVI, como intendente de la baronesa de Korff, entregar los pasaportes para ser examinados por los guardias. Pasajeros y cochero pasaron unos instantes de angustia, pero muy pronto pudieron respirar aliviados porque su documentación les fue devuelta con un amable saludo.

En las afueras de París, Fersen cedió el pescante a un hombre de su confianza y, tras besar la mano a los reyes y quedar con ellos para un pronto encuentro en Austria, volvió a la capital para estar al tanto de lo que allí ocurría.

Apresurémonos a decir que, a esas horas, allí no ocurría nada. Lafayette, tras haber dado las buenas noches a los reyes, como era su costumbre, se había retirado a descansar y sus guardias vigilaban atentamente el exterior del palacio-cárcel cuyos prisioneros ya no estaban en él.

Estaban detenidos en Montmirail por haberse roto la sopanda del coche; repararla llevó dos horas. No sería el último retraso.

Pasadas las cuatro de la tarde los viajeros llegaron a Châlons, donde debían haber arribado al mediodía. En la casa de postas, su propietario, Oudet, los reconoció, pero era un buen realista y se limitó a recomendarles que no se dejaran ver y a dar prisa a los postillones.

Cuando se da orden de marcha, los caballos del segundo postillón caen, quedando atrapado el sirviente bajo uno de ellos. Felizmente, logra zafarse sin mayor daño pero el incidente ha significado un segundo retraso.

Más allá de Châlons, y a tan sólo veinte kilómetros de Pont-de-Somme Vesle, donde debían encontrar el primer destacamento leal, los reyes se permitieron alegrarse por empezar a creer que la huida sería un éxito.

La alegría les duró la hora que tardaron en llegar al punto de encuentro porque allí no había soldados leales esperándolos.

Nadie puede negar que fue el azar quien alteró la Historia (con auténtica mayúscula) en el intento de huida de los reyes de Francia, pero también hay que conceder una parcela y no pequeña de culpa a la falta de valor, decisión, combatividad, convencimiento o la cualidad o defecto que quiera atribuírseles —o negárseles— a los oficiales realistas que mandaban las tropas de custodia a lo largo del camino.

Buen ejemplo de ello es lo que sucedió en Pont de Somme Vesle.

De acuerdo a la exhaustivamente estudiada agenda de viaje, la familia real debía llegar a la pequeña población entre la una y la una y media de la tarde del día 21; cuarenta húsares habrían llegado a mediodía poniéndose al mando del señor de Choiseul, quien estaría esperándolos desde la mañana.

Choiseul llegó puntualmente, lo mismo hicieron los soldados, pero quienes no llegaron a su hora fueron los reyes.

La población temía y odiaba a los húsares, sinónimo para ella de prepotencia y exacciones; al verlos llegar imaginaron que estarían allí para exigir el pago de contribuciones de guerra o, en el mejor de los casos, para apropiarse del contenido de sus despensas y molestar a sus mujeres.

Como eran pocos, los pobladores de Pont-de-Somme Vesle llamaron en su auxilio a campesinos de los alrededores y así se reunieron un par de centenares de enardecidos hombres, algunos armados, que a grito pelado exigían la desaparición de los desconcertados húsares.

Cuarenta soldados de élite con un jefe adecuado poco hubieran tardado en poner fin a la algarada, pero el señor de Choiseul demostró no ser un jefe adecuado.

A partir de las dos de la tarde empezó a inquietarse, menos por el retraso regio que por el aumento de la tensión en la calle. A las cuatro se desesperaba y a las cinco daba orden de abandonar el pueblo y replegarse a sus bases. A las cinco y media llegaban los reyes.

Los enfurecidos aldeanos se habían dispersado no bien irse los húsares, así que los viajeros hallaron un pueblo vacío pero tranquilo. Sin problemas se cambiaron los caballos y se siguió viaje hacia Sainte-Menehould, donde debía esperarlos un destacamento de dragones para tomar el relevo de los húsares.

Allí sí los esperaban los soldados leales, pero también el azar.

Cuando los aldeanos comenzaban a lanzar pullas a los dragones, éstos se impacientaban y su jefe, el señor de Dandoins, fatigaba sus ojos mirando el camino, llegó por fin el coche real y se detuvo ante la casa de postas.

Dandoins se acerca al coche y habla con el rey; ninguno de los dos se explica el motivo de la ausencia de los húsares pero ambos convienen en que lo importante es seguir la marcha ya que la frontera está muy próxima.

Entretanto, el maestro de postas, Jean-Baptiste Drouet, supervisaba el cambio de tiro. Antiguo militar, Drouet se había convertido en entusiasta revolucionario. Enemigo declarado de nobles y aristócratas, le ponía fuera de sí el tener que proporcionar caballos de refresco a los muchos aspirantes a emigrados que pasaban por su posta.

Por eso, al recibir el pago por su trabajo, dirigió una mirada cargada de odio a los ocupantes del coche, dudando que fueran rusos, como se le había dicho.

Contaba las monedas que le habían entregado cuando sus ojos se enfrentaron a la efigie del rey grabada en un asignado de cincuenta francos, comúnmente llamado un luis.

Todavía tuvo tiempo de echar una última mirada al hombre que, ya lo sabía con certeza, era *ese* Luis, antes que el coche partiera al galope de sus caballos.

Seguramente no consciente de que estaba a punto de entrar en la Historia de la mano del azar, pero sí de que cumplía con lo que para él era su deber, el maestro de postas corrió hasta el Ayuntamiento y desveló ante el Consejo municipal la verdadera identidad del supuesto intendente de la supuesta baronesa de Korff. El Consejo resolvió perseguir y detener el coche.

Fue Drouet mismo quien se encargó de hacerlo. A galope tendido, llegó a Varennes antes que el rey; habló con unos y con otros, reclamó armas y decisión y hasta volcó un carro en un puente para impedir el paso del coche y así aislar a los fugitivos de un destacamento de húsares que los esperaban a las afueras de la población.

Cuando por fin el coche real llegó a Varennes y se detuvo ante la posada del Brazo de Oro, también fue Drouet, al frente de un grupo de hombres armados, quien lo bloqueó, impidiendo que bajaran sus ocupantes hasta que el procurador del distrito, Sauce, se hizo cargo de la situación.

La familia real fue detenida, interrogada, humillada y, por fin, devuelta a París y a las Tullerías, aunque por poco tiempo. En 1792 se los encarceló en el Temple y el 21 de enero de 1793, Luis XVI fue guillotinado. Muy pronto también lo sería María Antonieta.

La guillotina por un luis.

EL TRONO POR UN AMANTE

Cuando se produce un hecho grave sin que haya una causa nítida que lo explique, los abogados suelen hablar de concurrencia de hechos. Un número más o menos numeroso de circunstancias más o menos importantes y generalmente no relacionadas entre sí, que han coincidido en tiempo y lugar para que se produzca ese hecho aparentemente inexplicable.

En la caída de Isabel II y, poco después, de la monarquía que representaba, concurrieron muchos hechos que se sucedieron a lo largo de un siglo, pero ello no invalida el título de este capítulo.

Isabel era hija de Fernando VII y nieta de María Luisa de Parma, circunstancias ambas bien conocidas pero cuya importancia no nos cansaremos de destacar.

María Luisa, amante de Godoy y adúltera por definición, fue la abuela paterna; Fernando, «Deseado», «Felón» y, especialmente, perseguidor de cantoneras, fue el padre. De su madre, María Cristina de Borbón Dos Sicilias, mujer respetable y digna, decían los madrileños: «Nuestra reina es una señora casada en secreto y embarazada en público», aludiendo a su casamiento secreto —a voces— con Fernando Muñoz, recién muerto Fernando VII.

Venía, pues, Isabel de una estirpe de fanáticos adoradores de Eros, por lo que no debe extrañar que sus genes estuvieran impregnados de erotismo. Para ella, y desde su adolescencia, amar, ser amada, hacer el amor, etcétera, era la razón de su vida.

No tuvo suerte. Amó e hizo el amor, pero no fue amada. Quizá con la excepción de Marfori, protagonista de estas líneas y *ultima ratio* de la reina de «los tristes destinos» o de las «libidinosas veleidades», que de muchas formas fue llamada.

En los años del primer carlismo, del *Tenorio*, de Zorrilla, y del ferrocarril, que pronto llegaría, Isabel, declarada mayor de edad por las Cortes, es coronada reina en 1843, con sólo trece años. Si tenemos en cuenta que, aunque empezando la transición, todavía en España los reyes eran absolutos, es decir, hacían y deshacían no exactamente a su antojo pero sí al de la «camarilla» de turno, es fácil imaginar lo que sería el reinado de la reina-niña.

Y fue todo lo que era de imaginar, excepto en los períodos en que tuvo al frente del gobierno a hombres con patriotismo y capacidad decisoria. Que también los hubo.

Aunque más fueron los que en el trono y en el regio lecho sólo buscaron hinchar sus bolsillos o sus vanidades o ambas cosas. Y ella era una niña y no sabía qué camino tomar, pero también era reina y tenía que tomar un camino.

La misma Isabel lo expresó con su habitual sinceridad a Pérez Galdós, confidente de su ancianidad, cuando el escritor quiso saber el motivo que la llevó a aceptar un gobierno al que tendría que pedir la dimisión veinticuatro horas más tarde:

«Cierto que aquel cambio de gobierno fue una equivocación, pero al siguiente día todo quedó arreglado... Yo tenía entonces diecinueve años... Éste me aconsejaba una cosa, aquél otra, y luego venía un tercero que me decía: ni esto ni aquello debes hacer, sino lo de más allá... Pónganse ustedes en mi caso. Diecinueve años y metida en un laberinto por el cual tenía que andar palpando las paredes, pues no había luz que me guiara. Si alguno me encendía una luz, venía otro y me la apagaba...»[1]

Bien, todos estamos de acuerdo en que los niños

1. Citado por Carmen Llorca en *Isabel II y su tiempo*.

no deben reinar, pero de todos modos Isabel II pudo haberlo hecho mejor, y hay que decir que cuando se vio obligada a abandonar España tenía treinta y ocho años, no era una niña y seguía sin hacerlo bien.

O quizá sí era una niña. Una niña alegre, despreocupada, caprichosa, amante de los juegos, del cocido y de sus amantes. Especialmente de éstos.

El número de ellos varía según los biógrafos, pero es posible que no bastaran los dedos de una mano para contarlos. Y la relación puede que se inicie con su reinado, es decir, cuando tenía trece años.

También tuvo legítimo marido y él fue, si no el responsable, sí la explicación de que tantos hombres alcanzaran la intimidad de la reina.

La boda de Isabel II fue uno de los grandes errores y hasta de las mayores humillaciones de nuestra relativamente reciente historia. Para ella se barajaron los nombres de muchos príncipes de toda Europa, el peor de los cuales hubiera sido, sin duda, mejor que el que en definitiva se eligió, pero Inglaterra y Francia se encargaron de eliminar a los candidatos que consideraban «peligrosos».

Hoy cuesta creerlo, pero el marido de la reina de España fue elegido, o cuando menos aceptado, por los gobiernos de París y Londres.

Como ocurriría —con funestos resultados— décadas más tarde, los franceses no aceptaban un príncipe alemán; los alemanes no querían ni oír hablar de uno francés, los ingleses rechazaban a galos y germanos por igual y así sucesivamente. Todo, *bien entendu*, en aras del equilibrio europeo.

Así, por cainita fagocitosis, se llegó al único que no podía generar temores en franceses, ingleses o alemanes; al único inofensivo, anodino, ambiguo príncipe de Europa: Francisco de Asís de Borbón y Borbón, alias *Paquita*.

Era primo hermano por partida doble de Isabel, por ser hijo de Francisco de Paula, hermano menor de Fernando VII, y de Luisa Carlota, hermana mayor de María Cristina.

La única princesa europea a quien no se había pedido opinión sobre el posible marido de Isabel II, es decir, Isabel II, reaccionó con gritos, pataleos y llantos al saber el nombre del elegido por su corazón. Llegó a decir que abdicaría antes que casarse con *Paquita* (era ella quien así lo había rebautizado).

Muchos años más tarde, en su largo exilio parisino, Isabel II resumió así al embajador de su nieto, Alfonso XIII, los recuerdos de su noche nupcial: «¿Qué te diré yo de un hombre que la noche de nuestras bodas vi que llevaba más encajes que yo?»

Francisco de Asís al parecer no era totalmente homosexual ni totalmente heterosexual; es muy probable que, como dicen los franceses, navegara *à voile et à vapeur*, pero lo que puede afirmarse sin temor a error es que nunca tuvo el menor interés por cumplir con sus deberes de esposo. En ocasiones cumplió con ellos, pero siempre con una mueca de lo que él creía aristocrático desagrado. En cambio sí estaba siempre dispuesto a cumplir con sus autoconcedidos deberes de rey.

Un personaje lamentable y nefasto, cuyo único cometido, entre calculadas apariciones y desapariciones, fue el de amplificar los errores y deslices de su esposa, contribuyendo así de manera decisiva a que aumentara el número de sus enemigos.

Por sólo citar un ejemplo, a raíz de las entusiastas relaciones entre Isabel II y Serrano —el «general bonito» lo llamaba la reina—, Francisco de Asís, actuando como marido ofendido, se recluyó en el palacio de Oriente, primero, y en el Pardo, después, negándose en público a compartir el lecho que no compartía en privado.

Como es de imaginar, escándalo internacional. Isabel escribe al papa Pío IX pidiendo la anulación de su lamentable matrimonio y el pontífice replica congelando la presentación de credenciales de su delegado apostólico. Por fin, tras promesa en firme del gobierno de que Serrano se iría de Madrid, abandona su exilio y retorna al lecho el ofendido marido.

Según Pierre de Luz, habría dicho al ministro Benavides, amigable componedor, que de haberse guardado las formas no le hubiera importado que su esposa tuviera un favorito. Pero Serrano, según él, no las había guardado: «Ha usado términos malsonantes respecto de mí. Eso no lo admito. ¡Serrano! ¿Sabes lo que es? Un Godoy fracasado. El otro, al menos, para obtener los favores de mi abuela, había sabido hacerse amar de Carlos IV.»

Serrano no había sabido hacerse amar de Francisco de Asís.

Con este personaje habían casado a la joven admiradora de Eros. No es de extrañar que su vida haya sido una sucesión de favoritos.

Tal como se le había prometido al rey consorte, Serrano se fue de Madrid. Su lugar fue circunstancialmente ocupado por un maestro de canto, de apellido Valldemosa, pronto suplantado por el más consistente y, por ende, duradero marqués de Bedmar.

Con él y por él recorrió Isabel II las rutas de la «movida madrileña», que la llevaron de Lhardy a las verbenas y crearon su fama de reina «castiza y chulapona».

Hasta que el poco paciente Narváez, presidente del gobierno, puso fin al escándalo desterrando a Bedmar, quien pronto volvió, instalándose, al parecer, en el mismísimo palacio de Oriente, lo que lleva a Narváez a amenazar con la renuncia y a Francisco de Asís a tomar una resolución heroica: para mejor vigilar sospechosos lechos, se hace nombrar mayordomo de palacio.

De todos modos, Isabel continúa recorriendo la noche en compañía del alegre y, al parecer, infatigable Bedmar. Tan bien lo pasa con él que, en prueba de amor y agradecimiento, nombra dama de honor a su esposa.

Dos años duró la *liaison* con Bedmar, quien fue sustituido por otro divertido joven, el *pollo* Arana. Entretanto, Francisco de Asís pasaba sus horas en compañía de un amigo con el que alcanzó una intimidad que sobrevivió al exilio y a la ancianidad de ambos. Se llamaba Antonio Meneses.

Que el tal Meneses, de oficio decorador, gracias al

puritano empeño del rey consorte regularizara mediante canónico matrimonio la relación que mantenía con Blanca Mastai, no fue suficiente para acallar a los madrileños, que coreaban en calles y tabernas aquello de

«Isabelona», tan frescachona;
«don Paquito», tan mariquito...

«Isabelona» sustituyó a Arana por el guapo oficial valenciano Enrique Puigmoltó, y con él se dispuso a vivir intensas jornadas.

En ese tiempo —28 de noviembre de 1857— la reina da a luz a un niño que años más tarde sería Alfonso XII, rey de España.

A comienzos de la década —menuda década— de los sesenta alcanzará el favor real su joven y entregado secretario Miguel Tenorio. Un período de paz antes de la tormenta.

Entre noviembre del 67 y abril del 68 murieron O'Donnell y Narváez, los dos más firmes y lúcidos sostenedores del trono, y con esas muertes fueron muchos los que vieron muy oscuro el porvenir de su ocupante.

Isabel II contaba a su favor con una natural simpatía, heredada de su padre, que le permitía «conectar» rápidamente con quien quisiera; por otra parte, su alegría y su sincero deseo de ser feliz ella y hacer felices a cuantos se le acercaban, no podía dejar de agradar al pueblo, que la aclamaba cuantas veces la veía.

Pero esto no bastaba. En los años de ferrocarriles y carreteras, comercio internacional y enseñanza secundaria, los escándalos casi cotidianos de la reina, a los que se sumaba su sólida incultura, indignaban a los sectores más esclarecidos de la población, que, cada día en mayor número, reclamaban una dignificación del trono.

Las nubes se agrupaban hasta ennegrecer el cielo de España, y esto lo veían todos menos la reina, que no elevaba sus ojos más allá del rostro del nuevo objeto de su amor: Carlos Marfori.

Con cincuenta años a sus espaldas, este andaluz de origen italiano era guapo, simpático y militar, condiciones todas ellas apetecidas por Isabel.

También era sobrino político de Narváez y esta feliz circunstancia le abrió las puertas de la corte. Las otras las abrió él mismo.

No sólo puertas de íntimos aposentos, también de ministerios. Llevada de una pasión que acaso suponía la última, Isabel hizo a Marfori primero gobernador civil de Madrid y después ministro de Ultramar.

Durante su gestión ministerial se sucedieron los escándalos a cual más sonado y a cual más provechoso para el señor ministro.

Pedro de Répide, en la primera edición de su *Isabel II, reina de España*, publicada por Espasa-Calpe en 1932, es decir, en plena República, así habla de Marfori: «Era alto, recio, bestia magnífica que en una parada de garañones habría alcanzado precio inestimable... La traza fue eficiente y Marfori vino a ser desde el día de su presentación en palacio la vara que regía la política hispana, y en cuyo torno giraba en terrible y sabática danza la vida nacional como en el aquelarre las brujas alrededor del rijoso y salaz macho cabrío.»

Dejando de lado zoomórficos y coyunturales barroquismos, lo cierto es que el nuevo amante estaba en boca de toda España y de toda Europa. Pierre de Luz refiere, citando a Victor Tissot, que en un cabaret de Berlín, una pareja de actores caricaturizaba explícitamente las relaciones de Isabel II con el «garañón» de Répide.

Demasiados amantes y demasiados escándalos para que los españoles no dieran visibles muestras de hastío. En absoluto se había roto esa casi tangible empatía que unió y sigue uniendo al pueblo con la monarquía, pero ya no era Isabel II símbolo y síntesis de españoles y de España.

Vientos de fronda agitaban capas militares, faldones políticos y hasta blusas de menestrales. La revolución se detectaba en el ambiente y casi todos sabían que estallaría en cuanto el laureado y exiliado

Prim supiera de la muerte del siempre temible Narváez.

Cuando lo supo —23 de abril de 1868— comenzó la vela de armas.

Gobierna el «duro» González Bravo, quien se entretiene —no puede hacer más— deteniendo generales y hasta desterrando a la hermana de la reina y a su indeseable marido, el duque de Montpensier.

En seguro refugio francés, Prim acecha mientras toma buena nota de la recomendación que oficiosamente le ha hecho llegar el emperador Napoleón III: no hay inconveniente en que haga su revolución, siempre que el duque de Montpensier no sea proclamado rey.

Tres millones de reales había invertido el repudiado personaje en la revolucionaria empresa, y más invertiría en su absurdo afán por alcanzar el trono.

La revolución estaba, pues, servida y todos lo sabían. Todos menos la reina más atenta a Marfori que a rumores.

El 18 de septiembre de 1868 la escuadra fondeada en Cádiz, en presencia de Prim, se subleva al grito de «¡Viva la soberanía nacional!», aunque la frase que pasaría a la historia sería la más explícita, pronunciada por Prim un día más tarde: «¡Viva España con honra!»

En tan azarosos días Isabel II, obviamente acompañada por Marfori, agotaba su veraneo en Lequeitio. Su galán ya no era ministro de Ultramar pero sí intendente del Real Patrimonio, cargo también propicio para crematísticas expansiones.

González Bravo, que también está en Lequeitio, a las primeras noticias de la sublevación se apresura a dimitir, y su cargo es cubierto por un respetado militar, el general José de la Concha, quien de inmediato baja a Madrid y nombra al prestigioso general Pavía comandante en jefe del ejército leal.

Pero, confirmando que es un buen militar, De la Concha intenta el pacto antes que la lucha. El antiguo favorito y *play-boy* mayor del reino, marqués de Bedmar, tiene un encuentro con miembros de la junta

Calígula a lomos de *Incitato*: el jaco tenía casa propia —con sala y dormitorio marmóreos— y comía en vajilla de oro. Ocho siglos más tarde, los ciudadanos romanos tendrían de nuevo ocasión de asombrarse ante la decisión del Sínodo Horrendo vaticano de desenterrar el cadáver del papa Formoso y, tras juzgarle y condenarle *in absentia*, lanzar sus restos al Tíber.

Jaime I (en la miniatura, «banqueteándose» en Tarragona) **fue bautizado como tal gracias a que su madre le había asignado el nombre de «Santiago» al último cirio en apagarse, de los doce que con el nombre de los apóstoles encendió para el evento. Para «cirio», sin embargo, el que dejó armado al morir el bigotudo Alfonso XI, sus hijos** (el ilegítimo Enrique de Trastámara y el legítimo Pedro el Cruel, flanqueándole, abajo, de izquierda a derecha) **enfrentados en incivil guerra por la Corona.**

De los Habsburgo centroeuropeos heredaríamos los españoles su pretenciosa idea del Imperio. (A la izquierda, entre Maximiliano de Austria y su esposa María de Borgoña, nuestro Felipe el Hermoso, sus hijos Fernando y Carlos y el futuro Luis II de Bohemia-Hungría en primer término). **Idea que «totalizaría» nuestros prejuicios religiosos y nos llevaría a enfrentarnos con Lutero y el orbe protestante, el Concilio de Trento anatematizándoles** (en el centro y abajo).

Justando con su amigo el conde de Montgomery —y por culpa de una inoportuna astilla de la lanza que se le incrustó en el ojo, tal como profetizara Nostradamus— moriría el monarca galo Enrique II; otro «aficionado» a perseguir luteranos cuya débil voluntad le convirtió en juguete de su favorita Diana de Poitiers (ambos de arriba abajo). **Dama cuya insaciable codicia evitó que sobre Francia cayera, en doce años, «ni una gota de justicia».**

Sólo al cabo de cuatro siglos han reconocido los historiadores ingleses que fueron los «elementos atmosféricos», no los cañones, quienes decidieron la suerte de la Armada Invencible en aguas del Canal (arriba). **Aunque también es de justicia reconocer que a esa derrota contribuyó la decisiva aportación de «elementos humanos» del calibre de Isabel I, la *Reina Virgen*, y de sir Francis Drake, honorable pirata.** (Ambos, abajo, de izquierda a derecha.)

El azaroso dedo del mismo Felipe II, que viera fracasar sus naves ante tanto «elemento coaligado», hizo de *ruleta rusa* para que fuese doña Margarita de Austria (pintada aquí por Velázquez) **la elegida como esposa para su hijo Felipe III** (en el retrato). **Feliz matrimonio que sólo duraría una docena de años y que dejó a nuestro monarca —durante los diez últimos años de su vida— en la condición de «viudo inconsolable».**

La Suerte —vestida de panadero anónimo, a quien se le concedió por ello la «exclusiva» de fabricar esas apetitosas medias lunas que son los *croissants*— jugó un papel decisivo para que las mesnadas turcas (izquierda) **no tomaran Viena en el siglo XVII. Un desafortunado azar hizo, igualmente, que Londres y París obligaran a nuestra ardorosa Isabel II** (derecha) **a casarse con el frígido Francisco de Asís. Pero el Destino se vengaría más tarde de la «alcahueta» Francia —decidida a imponernos una dinastía de su gusto tras la revolución de 1868— enfrentándola a la Alemania de Bismarck.** (Abajo, el canciller de Hierro con Napoleón III, tras derrotarle estrepitosamente en Sedán.)

Convenientemente manipulado esta vez, un desgraciado accidente (la voladura del *Maine*, arriba) **aceleró la pérdida de nuestras últimas colonias en 1898. Un malaventurado azar llevaría, igualmente, a la emperatriz Sissí** (junto a su esposo Francisco José, abajo, en sendos retratos de juventud) **a ponerse, en Ginebra, al alcance del puñal de Luigi Luccheni; quien, por cierto, pensaba asesinar, en la ocasión, al «afortunado» duque de Orleans.**

revolucionaria sin más resultado que el de obtener garantías sobre la integridad física de la reina.

Mientras Bedmar negocia, De la Concha «toma el pulso» a la capital. El resultado de sus inquisiciones es claro: con todas sus indignidades y falencias, el pueblo —en el más amplio sentido— sigue viendo en Isabel II a su reina. Si ella baja de inmediato a Madrid y se muestra en guarniciones y calles, la revolución está condenada al fracaso.

Obrando en consecuencia, el jefe del gobierno se apresura a telegrafiar a la reina, urgiéndola a que baje a Madrid, pero sin Marfori, «que podría ser mal acogido por la población».

Todos los que rodean a la reina —*garañón* incluido— están de acuerdo con los términos del telegrama. El tren real se prepara para la inmediata partida.

Entonces Isabel II sorprende y desanima a todos declarando enfáticamente que es la reina y sólo ella decide quién puede o no acompañarla en sus viajes.

Irá a Madrid, pero con Marfori. Decisión que de inmediato se telegrafía al general De la Concha.

Con la reina y su acompañante en el coche salón y la locomotora a conveniente presión, llegó otra urgente comunicación del presidente del gobierno. En ella desaconsejaba —de hecho, prohibía— el viaje aduciendo que la vía estaba cortada en varios puntos por los revolucionarios.

La imagen de Isabel II descendiendo del tren es la de una reina que está dejando de serlo.

El resto es anécdota. Las tropas leales se enfrentaron con las revolucionarias en el puente de Alcolea, venciendo las que tenían auténtica moral de victoria, es decir, las revolucionarias. Se forma en Madrid un gobierno provisional que exige la «destitución» de Isabel II, quien se exilia para siempre en Francia con Marfori, y España entra en un torbellino del que la sacaría, seis años más tarde, Alfonso XII.

Pero en esos días de triunfo de la Gloriosa muchos son los que están contentos en Madrid y en toda España. Contentos están los que, con más entusiasmo que dotes proféticas, cuelgan en la pared del Ministerio de

Hacienda un cartel que dice: «Cayó para siempre la raza espuria de los Borbones», y contentos están también los que corean una lamentable *Habanera del rey Marfori*:

> *No te asustes querida Isabel,*
> *tu Carlitoz te quiere ahora máz,*
> *a la Fransia loz doz partiremoz*
> *y allí juntoz veráz, ya veráz.*
> *A Paquito le das carpetaso...*[2]

Etcétera.

De «concurrencia de hechos» hablábamos al comienzo de estas líneas, y no cabe duda que muchos hechos, aunque no de muy distinto signo, concurrieron en la caída de Isabel II, pero es indiscutible que uno de ellos, y no el menor, fue la negativa regia a presentarse en Madrid sin Marfori.

Puede decirse que ya era tarde para detener la revolución, y es probable que así fuera, pero también, y con igual porcentaje de certeza, puede afirmarse lo contrario.

Todo esto, claro está, no pasa de inocuas lucubraciones, pero hay un hecho cierto e innegable: en la hora decisiva de luchar por el trono, Isabel II se negó a abandonar a Marfori.

En otras palabras, se jugó el trono por un amante.

¿Que dónde interviene el azar? Bueno, Marfori pudo estar en Madrid.

2. Tomado de Ricardo de la Cierva, *El Triángulo*, Editorial Planeta.

LA EDUCACIÓN DEL EMBAJADOR

Después de las dos guerras mundiales y de la multitud de regionales con las que nos ha obsequiado el siglo XX, ¿quién se acuerda hoy de la que, entre 1870 y 1871, libraron Prusia y Francia?

Excepto historiadores y militares, muy poca gente.

Lo que es, sin duda, una injusticia histórica. Porque esa breve aunque nada incruenta guerra tuvo terribles consecuencias para el más o menos inmediato futuro no sólo de los dos países contendientes sino de nada menos que de toda la humanidad.

Bastan muy pocas líneas para probar el aserto: el resultado de aquel conflicto fue una de las principales causas de la primera guerra mundial, y, como es bien sabido, el resultado de ésta fue determinante para el estallido de la segunda.

Como parte integrante de Europa y del mundo, a los españoles nos tienen que interesar las consecuencias de la guerra franco-prusiana, pero mucho más las causas que la motivaron.

Porque esas causas tuvieron su origen en España.

Triunfante la Gloriosa revolución de 1868 y en el exilio francés la destronada Isabel II, había llegado para los victoriosos revolucionarios el difícil momento del «Y ahora, ¿qué hacemos?»

Antes que el general Serrano, vencedor en la decisiva batalla del puente de Alcolea, llegase a Madrid, se habían constituido dos gobiernos en la capital de España: una junta integrada por gentes más o menos monárquicas, presidida por Pascual Madoz, y otra de definido signo republicano.

Serrano había ganado la guerra pero el dueño del poder no era él, sino Prim. Así lo detectaba el pueblo, al cantar

En el puente de Alcolea
la batalla ganó Prim...

Aunque sabía muy bien que el prestigioso general no había participado físicamente en ella.

Prim era un convencido monárquico, y aunque había conducido la revolución, no era en absoluto «revolucionario». Llegado a Madrid, rápidamente acabó con el caos naciente, logrando la formación de un gobierno que hoy llamaríamos «de concentración» presidido por Serrano y en el que se reservaba la decisiva cartera de Guerra.

De todos modos era un gobierno consciente de su provisionalidad, cuyo primer cometido fue, además de calmar ímpetus reivindicatorios más o menos justificados, el dotar de una constitución a España.

Mientras los letrados fatigaban bibliotecarios y los recién elegidos constituyentes generaban algunos de los más brillantes debates de la historia patria, Prim no descansaba en su autoimpuesta tarea de dotar de nuevo rey a España.

Él, ya lo hemos dicho, era monárquico y creía firmemente que ése era el único sistema de gobierno que podía sacar adelante el país, evitando caer en una anarquía a la que numerosas y encontradas fuerzas podían querer llevarle.

La Constitución revolucionaria, conocida como de 1869, establecía la monarquía como forma de gobierno, pero basada en la voluntad de la nación y, según una ley adicional, con un rey elegido por los representantes del pueblo. Es decir, una monarquía electiva.

Ahora bien, cada uno a su manera, tanto Prim como Serrano eran dos generales capaces y ambiciosos. Y aunque a muchos pareciera lo contrario, en ambas características el segundo era superado por el primero.

Hasta la elección de nuevo rey se estableció una regencia, y cuando todos esperaban que el elegido para tan alto cargo fuera Prim, éste se apresuró a hacer designar a Serrano, incluso aconsejando que se le diera —como se le dio— tratamiento de alteza.

Con su único posible oponente «encerrado en jaula de oro», según feliz frase del mayor hacedor español de frases felices, don Emilio Castelar, Prim pudo dedicarse con tranquilidad a la búsqueda de rey. Una tarea que por obvias razones imaginaba altamente gratificante, ya que quien reinara en España no podría olvidar a quién debía el trono.

No tenía claro el candidato pero sí los que no podían serlo: ningún miembro de la casa de Borbón. Ya lo había dicho en un célebre discurso: «Jamás, jamás, jamás» volverían los Borbones a reinar en España.

Como puede apreciarse, Prim era mejor militar que profeta.

Por supuesto, no faltó quien le susurrara que nadie mejor que él para ser rey, pero el general era ambicioso mas no tonto. Conocía, mejor aún que sus propias limitaciones, al pueblo español. Que, ya sabemos, aguanta lo que le echen pero sólo hasta que decide no aguantar más.

Contestaba a los susurrantes que para ser rey era necesario haber heredado el conocimiento de los secretos del oficio.

Antonio de Orleans, duque de Montpensier, hijo del rey de Francia, Luis Felipe, declarado liberal, y aunque cuñado de Isabel II generoso financiador de la Gloriosa, parecía ser el candidato ideal para rey de España. Así lo creían muchos, y en especial él mismo.

Aunque no contaba con las simpatías de Prim, pudo haber llegado al trono de no ser porque no tuvo mejor idea que matar en duelo al hermano del todavía rey consorte y, peor todavía, porque Napoleón III se opuso terminantemente a que un Orleans reinara en España.

Preguntar cómo podía un monarca extranjero inmiscuirse tan abiertamente en una cuestión española es empezar a entrar en tema.

Descartado Montpensier, Prim comenzó el muy pronto frenético envío de «exploradores» a las cortes extranjeras.

Respetando, pese a su condición de destronador de reyes, la antiquísima tradición impuesta por los monarcas españoles, comenzó su búsqueda en el siempre próximo y siempre lejano Portugal.

El posible candidato era don Fernando de Sajonia-Coburgo-Gotha, anterior rey consorte y padre de Luis I, el monarca entonces reinante. Al gobernar su patria, don Fernando había demostrado un talante liberal, respetuoso de las leyes y, en líneas generales, eficaz; no era mala elección. Gran Bretaña estaba de acuerdo y Francia no se oponía.

Quizá, de haber tenido menos años, el ofrecimiento hubiera tentado al portugués, pero era hombre mayor y vivía en un maravilloso castillo, rodeado de parques y objetos de arte, así que declinó amablemente el trono.

Mientras los «exploradores» se abrían paso como mejor podían entre pesados cortinajes palaciegos, repitiendo sin desmayo su esperpéntico: «¿Quiere usted ser rey de España?», las aguas se agitaban en el ofrecido reino.

Cánovas del Castillo, ya entonces declarado alfonsinista, clamaba que una monarquía dejaba de serlo si era electiva; los grupos republicanos, muy minoritarios en principio, crecían cuantitativa y cualitativamente; el carlismo resurgía, en tanto el naciente socialismo y el siempre presente anarquismo ibérico hacían oír con fuerza a veces estruendosa sus reivindicaciones.

Urgía sentar a un rey en el trono, y Prim, consciente de ello, repasó personalmente el mapa de Europa. Destacaba en él Italia, próxima a lograr su unidad, y sobre ella posó su dedo el general.

El trono fue ofrecido al príncipe Amadeo, hijo del rey Víctor Manuel II. Como la casa de Saboya estaba demasiado ocupada en su guerra interior para buscar guerras exteriores, no despertaba recelos. Inglaterra y Francia hicieron un gesto de asentimiento al candidato.

En España, el liberalismo tradicional de los Saboya y su abierto enfrentamiento con el Vaticano forzosamente tenían que agradar a liberales, progresistas, hasta cierto punto a los mismos republicanos y, por supuesto, a la entonces poderosa masonería.

Todos de acuerdo con don Amadeo, menos él mismo. Cortés pero firmemente, el joven príncipe, más amigo del *dolce far niente* que del gobernar, se negó a ser rey de España.

Su padre, el rey Víctor Manuel, mucho había insistido para que aceptara el tan apetecible trono y, ante la irreductible negativa, sustituyó al hijo por un sobrino, ofreciendo a Madrid la candidatura del hijo de su único hermano, Tomás, joven de dieciséis años.

Don Tomás, estudiante en Harrow, no tenía el menor interés en ocupar tronos, y, por otra parte, Montpensier, que seguía considerándose futurible, derramó dinero a manos llenas —como ya lo había hecho con anteriores candidatos— para desacreditar al italiano o, en su caso, comprar a personas de su entorno para que contribuyeran a disuadirlo de eventuales entusiasmos.

Todos preveían que el «Saboya menor» no iba a reinar en España; todos, menos Prim. El casi siempre lúcido general, necesitado de rey, dio el patinazo de su vida al anunciar a las Cortes la aceptación del ofrecimiento por parte de Tomás, precisamente unos días antes de que se hiciera público por boca de sus padres el rechazo oficial.

El 25 de junio de 1870 se produjo un hecho de trascendental importancia. Cediendo, por fin, a las presiones de sus más lúcidos consejeros, Isabel II abdicó en favor de su joven hijo Alfonso. Aunque entonces pocos lo comprendieran, se iniciaba en París el camino hacia la Restauración.

En Madrid, la noticia consiguió, por una parte, enfervorizar a los alfonsinos, con Cánovas a la cabeza, y por otra galvanizar a Prim en su hasta entonces infructuosa búsqueda de rey.

Desechando la larguísima lista de disponibles príncipes de tercera categoría que sus angustiados «exploradores» se obstinaban en presentarle, el general volvió sus fatigados ojos al refractario pero siempre apetecible príncipe Leopoldo de Hohenzollern-Sigmaringen (apellido que los ingeniosos madrileños pronto convirtieron en «olé olé si me eligen»).

No era la primera vez que lo intentaba. En el verano de 1869 envió a uno de sus hombres a sondear al hijo del jefe de la rama católica de la familia Hohenzollern-Sigmaringen, por entonces de vacaciones en un castillo suizo. Para sorpresa del enviado y desencanto de Prim, la respuesta al sondeo fue un no inmediato, rotundo y emitido sin respetar demasiado las reglas protocolarias.

Pese a todo y después de haber ofrecido el vilipendiado trono a Espartero, que tuvo la dignidad de rechazarlo, Prim insistió ante Leopoldo.

Que, tras la rotunda negativa inicial, la reiteración fuera poco digna, nada podía importar a esas alturas. O abismos.

Una primera gestión del «explorador» de turno ante el príncipe, que se hallaba en Berlín, no dio resultados positivos, aunque esta vez no hubiera negativa rotunda.

Reinaba el desconcierto en Madrid cuando, casi sin aviso previo y en el mayor secreto, se presentó ante el gobierno —ante Prim— un representante del primer ministro prusiano, Bismarck, interesado en saber si el príncipe Hohenzollern tenía verdaderas posibilidades de reinar en España. Obtenidas las más completas seguridades, el enviado regresó a Berlín.

Nadie en Madrid, ni siquiera Prim —aunque algunos opinen lo contrario—, podía imaginar que con esa aparentemente inocente embajada Bismarck había puesto en marcha el reloj de la muerte.

El Canciller de Hierro acababa de humillar a Austria en la llamada guerra de las Siete Semanas, comienzo de la decadencia del imperio Habsburgo e inicio del engrandecimiento de Prusia, que llegaría hasta nada menos que la vertebración de Alemania y la creación del Segundo Reich.

Para mejor y más pronto realizar esos gloriosos fines que se había fijado, Otto Von Bismarck, el Canciller de Hierro, necesitaba que se produjera algún hecho de magnitud suficiente para convencer a los príncipes germanos de la necesidad de unirse. Naturalmente, bajo la conducción de la victoriosa Prusia.

El mejor de todos los hechos posibles sería una agresión francesa, pero ésta no parecía probable que ocurriera espontáneamente; por tanto, había que provocarla.

La candidatura del príncipe alemán Leopoldo Hohenzollern-Sigmaringen era la provocación.

Como ocurre en España con los secretos mejor guardados, pronto todos los interesados en el tema supieron de la entrevista del enviado de Bismarck y de las seguridades que se había llevado. También lo supo, muy probablemente informado por Montpensier, el receloso Napoleón III, quien se apresuró a convocar al embajador español para decirle que Francia jamás toleraría a un príncipe prusiano en el trono de España.

Aunque pueda sorprender a quien no imagine el descontrol que reinaba por aquellos días en la administración pública, el embajador ignoraba la intervención de Bismarck y creía que Leopoldo era un candidato casi descartado, así que consideró las palabras del emperador como poco más que retóricas, incluyéndolas en un informe rutinario que envió a sus superiores y que fue leído y archivado con el mismo desinterés con que había sido escrito.

Sin tener en cuenta —o desconociendo— la violenta oposición de Napoleón III, Prim, a mediados de junio de 1870, hace llegar al príncipe un ofrecimiento formal del trono, y esta vez Leopoldo, seguramente presionado por Bismarck, acepta, con la única salvedad de que necesita la autorización del rey de Prusia.

A los pocos días —21 de junio— el enviado español recibe la aceptación oficial del monarca prusiano y la comunica por telegrama secreto al gobierno de Madrid, agregando que el día 26 se pondrá en camino hacia la capital de España con los documentos que certifican la aceptación de Leopoldo.

Sin embargo, cuando el gobierno recibe la comunicación alguien ha cambiado la fecha de regreso del enviado que no es ya el 26 de junio sino «hacia el 9 de julio».

La alteración es pequeña, pero determinante: para las Cortes españolas de entonces y de ahora, junio es mes de trabajo; julio, de vacaciones. El presidente suspende las sesiones de la corporación que tenía que elegir rey hasta el lejano y otoñal 31 de octubre.

Por otra parte, se hace saber a Napoleón III que a mediados de julio Prim estará tomando las aguas en Vichy, y desearía hablar con él sobre el tema del futuro rey de España. Nada se le dice sobre la aceptación de Leopoldo.

El 28 de junio llega a Madrid el enviado, encontrando las Cortes cerradas y no encontrando a Prim y a Serrano porque ambos están descansando en los alrededores de la capital. Sólo dos días más tarde, el 30, se enterará Prim de su llegada.

Para entonces una imperdonable indiscreción del eficaz aunque alterado enviado permite que *La Época* publique en primera página la aceptación de Leopoldo y las bendiciones del rey de Prusia.

Es de imaginar la reacción de Napoleón III, quien, con lógica, se considera víctima de un engaño urdido por el propio Prim. El embajador español, que no estaba enterado de nada, intenta calmarlo pero sale de la entrevista convencido de que mantener la candidatura de Hohenzollern será la guerra con Francia.

Sin embargo, el gobierno español, por obvias razones de dignidad nacional, decide mantener la candidatura y así lo hace saber a los gobiernos europeos por medio de sus embajadas.

También, claro está, al francés, cuyo ministro de Asuntos Exteriores «denuncia» el hecho ante el Parlamento, que por abrumadora mayoría aprueba una declaración contra el príncipe Leopoldo francamente agraviante para Prusia.

Para entonces Madrid ha dado marcha atrás y un

enviado ruega a Leopoldo que retire su candidatura, a lo que accede el príncipe. En realidad ya la había retirado obedeciendo a un pedido-orden del mismísimo rey de Prusia que, contrariamente a su canciller, no quiere la guerra con Francia.

El vapuleado embajador de España en París puede comunicar a Napoleón III la buena nueva.

Todo estaba arreglado. El emperador de Francia empezaba a pensar en sus vacaciones, Prim en otro candidato y Guillermo I, el rey de Prusia, en continuar tomando las aguas en el balneario de Ems, donde ya se encontraba.

Todos contentos. Todos menos Bismarck, quien se mordía las uñas pensando en lo cerca que había estado de lograr su gran objetivo. Pero nada más podía hacer. Sacarse de la manga otro príncipe prusiano era artimaña demasiado infantil para su seriedad de hierro.

En la renuncia oficial al trono de España que los Hohenzollern entregaron al gobierno de Madrid no se hacía mención, como es lógico, de la intervención de Guillermo I. Pero los victoriosos franceses no se contentaban con la renuncia de Leopoldo, querían, exigían, que fuera el mismo rey de Prusia quien les garantizara que nunca podría un príncipe de su sangre ser rey de España.

Forzando hasta sus últimos límites las prácticas diplomáticas, el ministro de Asuntos Exteriores, Gramont, envió un telegrama a su embajador en Berlín, un tal Benedetti, urgiéndole a que obtuviera de Guillermo I las seguridades exigidas.

Aquí es donde el azar, disfrazado de embajador mal educado, logra alterar la historia.

Contra lo que de él diría la propaganda francesa más adelante, Guillermo I era un hombre culto, bondadoso y, por encima de todo, pacífico. Su patriotismo estaba más allá de toda duda, pero no le llevaba, como a su canciller, a buscar el engrandecimiento de Prusia por el camino de la guerra.

Había aceptado pelear contra Austria, celebrando adecuadamente la definitiva victoria de Sadowa, y no quería más guerras. Menos aún contra Francia, considerada la primera potencia militar europea. ¿Cómo podría enfrentarse a ella la minúscula Prusia?

Benedetti, aunque lejos de París y de la desbordada alegría que reinaba en las Tullerías, también está exultante ante la victoria sobre los prusianos.

No le faltan motivos. Es el representante del primer país de Europa, el más poderoso, el más temido, y se le ha ordenado que exija nada menos que al rey de Prusia garantías de «buena conducta».

Ha recibido el telegrama por la noche y a la mañana siguiente se dirige con paso firme al encuentro del rey, a quien encuentra, como suponía, paseando tranquilamente por los jardines del balneario de Ems.

Tal vez unas semanas antes se hubieran impuesto en él las normas aprendidas en el ejercicio de la diplomacia, pero no esa mañana de triunfo. En ella, para desgracia de Europa, el embajador Benedetti permitió que su esencial falta de educación rompiera el corsé de las normas.

Sin haber solicitado audiencia previamente, sin siquiera hacerse anunciar, esquivó a la escolta y se enfrentó al rey, soltándole sin preámbulo la exigencia de su gobierno de una seguridad escrita de que nunca un príncipe prusiano aspiraría al trono de España.

Tras la sorpresa inicial, Guillermo hizo lo que hubiera hecho cualquier rey: siguió su camino sin prestar atención al exaltado; intentó seguirlo, porque el exaltado volvió a enfrentársele una y otra vez, hasta que el paciente monarca no tuvo más remedio que ordenar a la escolta que lo librase de tan molesta presencia.

Después, justamente indignado, comunicó por telegrama a su canciller lo que había sucedido.

Ahora el exaltado era Bismarck.

No bien recibirlo, dio a la prensa el texto del telegrama que el rey le enviara —pero convenientemente maquillado por él— y, al día siguiente, Napoleón III, con el rostro lívido, leyó en los periódicos lo que para él era una provocación y un insulto que sólo podía contestarse con una declaración de guerra.

Para empeorar las cosas, ese día era 14 de julio...

El resto no es silencio sino atronador ruido de cañones.

Tal como Bismarck quería, Francia fue la que declaró la guerra y la primera en atacar; conseguidos todos sus objetivos previos, ya podía él lanzar sus aguerridas tropas al combate.

Gravelotte, Metz, Sedan y, por fin, París, todo fue cayendo ante el incontenible empuje prusiano. También caería el emperador Napoleón III.

El rey de la modesta Prusia, en cambio, se convertiría en el emperador de la por fin unificada Alemania. En el káiser de ese Segundo Reich que Bismarck tanto había soñado.

Tampoco el resto es silencio. Los franceses, además de mucho de su orgullo, perdieron Alsacia y Lorena, comprometiéndose a pagar una fuerte indemnización de guerra. Era demasiado para ellos, y resultaba previsible que buscarían la revancha.

Así llegó la primera guerra mundial.

Vencieron los franceses, recuperaron Alsacia y Lorena, impusieron enormes indemnizaciones a Alemania, que, derrotada y empobrecida, acogió con inmensa ilusión a quien iba a devolverle los laureles arrebatados.

Así llegó la segunda guerra mundial.

El azar disfrazado de embajador mal educado...

EL AZAR CONTRA ESPAÑA

Es muy probable que, después de 1492, el 98 —sin milenio ni siglo— sea el año más conocido por los estudiantes españoles.

Conocido, o al menos oído, ya que de él se ha hablado y se sigue hablando, quizá demasiado, en institutos y fuera de ellos.

El año 1898 pasó a la Historia y a la tertulia porque fue el año de la pérdida de las últimas colonias como es harto sabido, pero también porque hubo un grupo de creadores a los que se identificó con él.

Es casi seguro que a esta circunstancia y no a las pérdidas territoriales se debe la permanente vigencia del 98.

Lo que en manera alguna significa que fuera año poco importante. Desgraciadamente, lo fue y mucho.

El proceso de desmembramiento del imperio comenzó en los primeros años del XIX o en los últimos del XVII, según se mire, pero no cabe duda que es a partir de Trafalgar cuando España definitivamente —hasta la fecha, puede serlo en el futuro— deja de ser primera potencia mundial.

Consecuencia lógica de la pérdida de supremacía naval, unida al vacío de poder creado en España por la ausencia de Fernando VII, fueron los procesos independentistas de las colonias americanas.

Consecuencia lógica, pero no inevitable.

De haber descubierto ya entonces Ramón y Cajal el mecanismo de transmisión del impulso nervioso, puede que los gobernantes de la metrópoli hubieran reaccionado con más rapidez e inteligencia y no se hubiera perdido un continente.

Esto, obviamente, sin poner en duda la legitimidad de las aspiraciones independentistas de los pueblos americanos, pero que hubieran podido perfectamente conciliarse con formas de integración satisfactorias y beneficiosas para todas las partes.

Los ingleses lo hicieron con su Commonwealth varias décadas más tarde, y algo similar pudo habérsele ocurrido a nuestros esclerosados políticos y a nuestro rey «felón».

Exceptuando minorías captadas por la masonería al servicio de Gran Bretaña y su «libre comercio», la mayoría de los criollos, hijos o nietos de españoles todos, hubieran visto con muy buenos ojos un tipo de asociación o comunidad que les permitiera obtener adecuados niveles de autogobierno sin cortar los vínculos con España.

Ni que decir tiene que de haberse hecho así se hubieran ahorrado miles y miles de muertes y no se habrían generado odios de los que todavía hoy desinteligencias quedan.

Inútil llorar sobre la leche derramada. No hubo inteligencia en la península y no hubo interés en que la hubiera del otro lado del Atlántico. Lo que pudo haber sido la más grande comunidad que el mundo haya conocido, con identidad de religión, raza y lengua, se convirtió en un puzzle que sólo ahora se está intentando componer.

Claro está que no es en absoluto tarde para una Comunidad Iberoamericana de Naciones, pero de momento eso no pasa de un bello sueño con ocasionales bellas alusiones en protocolarios ágapes.

Se perdió toda América continental en las primeras décadas del XIX y hacia su final sólo quedaban con bandera española las islas de Cuba y Puerto Rico. También ondeaba nuestra bandera en las Filipinas, en el Pacífico.

En Cuba existía una fuerte corriente independentista desde comienzos de la segunda mitad de siglo, que obligó a constantes envíos de refuerzos militares desde la metrópoli.

En ocasiones, también fueron a la isla militares inteligentes que procuraron, y en algún caso obtuvieron, compromisos viables con los independentistas.

Buen ejemplo de ello fue el Tratado del Zanjón, firmado por los jefes cubanos y el general Martínez Campos en 1878 y que procuró años de paz.

Sin embargo la actuación del destacado líder José Martí, que logró la unificación de todos los grupos más o menos antiespañoles, fue decisiva.

Aun entonces pudo haberse llegado a un entendimiento, de haber prosperado el proyecto que en 1893 presentó al gobierno el ministro de Ultramar, Antonio Maura, y que hubiera llevado a la concesión de la autonomía a Cuba y Puerto Rico. Pero el gobierno prefirió escuchar al chauvinista cacique Romero Robledo y no sólo rechazó el inteligente proyecto, sino que obligó a dimitir a su autor.

A partir de 1895, y bajo la dirección de José Martí, Antonio y José Maceo y Máximo Gómez, la rebelión se generaliza y se convierte en lucha abierta.

En 1896 arribó a la isla el general Weyler, quien llegó a contar con un ejército de 120000 hombres, aunque no bien armados y pésimamente adiestrados, si es que habían recibido alguna vez auténtica instrucción castrense.

De todos modos Weyler logró importantísimos éxitos militares. José Martí ya había muerto antes de su llegada y Antonio Maceo moriría también.

En 1897 —tarde— España se decidió a conceder a Cuba la autonomía. Pero para entonces los rebeldes cubanos, con demasiados muertos a sus espaldas, odiaban a los españoles y a España lo suficiente como para no aceptar nada que no fuese total independencia.

Las tropas españolas cometieron excesos, hubo demasiados fusilamientos y detenciones sin juicio —como en todas las guerras—, y la suma de fortalecimiento de los insurgentes más excesos españoles decidieron a Estados Unidos a intervenir.

Cuba era un bocado demasiado precioso para permitir que fuera sólo para los cubanos.

En 1823, el presidente estadounidense, James Monroe, ante el expansionismo de los rusos, que ya limitaban con su territorio por Alaska, expuso su opinión y deseo de que no hubiera más colonizaciones ni intervención europea en América a cambio de lo cual Estados Unidos se abstendría de intervenir en los asuntos de Europa.

A esto se le llamó la Doctrina Monroe, sintetizándola en una frase: «América para los americanos.» (Hasta hoy, para muchos, «América para los norteamericanos».)

Cabe puntualizar que a poco de difundirse este principio los ingleses se apoderaron de las islas Malvinas (1833) y continuaron hincando dientes en trozos de territorio americano sin que los sucesivos gobiernos de Washington se acordaran de Monroe y su famosa Doctrina.

De la que se acordaron en el caso de Cuba, quizá porque no los unía con España lazos de sangre, que sí tenían con Inglaterra. Sin recordar, claro está, que aquel país los ayudó activamente en su lucha por independizarse de este país.

Como todos hemos visto en la imprescindible *Ciudadano Kane*, de Orson Welles, William Randolph Hearst, a cuyos periódicos se debe la connotación peyorativa de la expresión «prensa amarilla», atizó la siempre fácilmente atizable sensibilidad de sus compatriotas relatándoles con exageración y truculencia las «atrocidades» que cometían los españoles en Cuba.

Hearst estaba entonces tratando de afianzar su naciente imperio periodístico y el tema le pareció el más apto para incrementar ventas, en directo detrimento de su más importante competidor, Joseph Pulitzer. Lo malo para España fue que también éste tuvo la misma idea.

Para 1898, ya con McKinley como presidente, Estados Unidos bullía de patriótica excitación y de santa impaciencia por ir a desalojar a los pérfidos hispanos de la Perla de las Antillas. El anterior presidente, Cleveland, había logrado controlar la presión pero se hacía a todos evidente que su sucesor no tendría el mismo éxito.

Hasta en la adormecida península se advirtió el peligro de llegar a una guerra con un país cuyo potencial se desconocía en Madrid, pero no en la Viena imperial.

Francisco José, tío de María Cristina, entonces regente, se encargó de informar a su real sobrina sobre la catástrofe que sobrevendría a España caso de enfrentarse con el que todavía no se conocía como «coloso del Norte».

Aunque en esos días iniciales de 1898 la paz era todavía perfectamente posible y muy pocos, excepto fanáticos de uno y otro bando, creían que de verdad se iba a llegar a la guerra entre los dos países.

Cierto que la situación era extremamente tensa; tanto en Nueva York como en Madrid los periódicos ridiculizaban el potencial adversario y en ambas ciudades había manifestaciones belicistas, pero los dos gobiernos se mantenían serenos y, repetimos, la paz era posible. En especial atendiendo a las amplias concesiones que España se había manifestado dispuesta a conceder.

Pero entonces el azar decidió intervenir.

Con el confesado propósito de proteger las vidas de los súbditos norteamericanos en Cuba, y el no confesado pero ostensible de «mostrar la bandera», el gobierno de Washington envió a La Habana a su acorazado *Maine*.

Tres semanas después de su arribada, el 15 de febrero de 1898, las casi seis mil toneladas del *Maine* saltaban por los aires para hundirse de inmediato, arrastrando a las profundidades a dos oficiales y doscientos sesenta marineros.

No bien saberse la noticia en Estados Unidos, la «prensa amarilla» —y seguramente también la «blanca»— dieron por seguro que la voladura se había debido a una mina submarina colocada por los españoles.

De nada valió que las autoridades madrileñas llegaran al extremo de pedir una investigación realizada por neutrales para probar su absoluta inocencia porque en Estados Unidos ya se había juzgado y condenado.

Grupos cada vez más numerosos de excitados ciudadanos recorrían las calles de las principales ciudades exigiendo guerra inmediata contra los criminales internacionales, al grito de: «¡Recuerda el *Maine*, al infierno con España!» Suena mejor en inglés: «*Remember the* Maine, *to hell with Spain!*»

En «Spain», como no podía ser menos, también se agitaban las calles y se hacía burla, porque no se los conocía, de Estados Unidos. ¿Cómo podía ese país de «tenderos y salchicheros» enfrentarse el que fuera primer imperio del mundo?

Bien informada por el emperador Francisco José del potencial de los «salchicheros», María Cristina, por medio de Sagasta, su nuevo presidente del gobierno, intentaba desesperadamente conseguir la mediación de las potencias europeas que, hay que decirlo, no pusieron en la cuestión más que sabias palabras.

Gracias a la personal solicitud del papa, León XIII, el gobierno español concedió un armisticio a los rebeldes cubanos —era una de las sugerencias imposición de los norteamericanos—, pero todo fue inútil.

El general Blanco, jefe supremo español en la isla, hizo más que comunicar el armisticio a los jefes revolucionarios: trató por todos los medios de convencerlos que proseguir la lucha y alcanzar la independencia de España en esos momentos era caer bajo el dominio de Estados Unidos, pero no le creyeron.

Es decir, no le creyeron entonces; cuando lo hicieron ya era tarde.

El 22 de abril de 1898 se declaró formalmente la guerra y casi al día siguiente la moderna y poderosa escuadra norteamericana —de cuya existencia no tenían conocimiento los políticos españoles— bloqueaba totalmente la isla.

No vamos a reseñar el desarrollo de la contienda. Sólo decir que el almirante Cervera salvó el honor de España sacando a la lucha sus barcos de madera.

Eran los tiempos en que las frases sustituían a las realizaciones, y «Más vale honra sin barcos que barcos sin honra» permitió seguir inactivos a los astilleros españoles durante décadas.

Estados Unidos «liberó» a Cuba, y ya en tren de liberar se llegó hasta Puerto Rico. Durante muchos años se quedó en la primera de las dos islas, en cuanto a la segunda...

Al aproximarse a España, aunque fuera para combatirla, el Tío Sam descubrió que había sido un imperio y se propuso emularla. Ya que no podía ser imperio, porque era una república, decidió ser imperialista.

Como para «hacer boca», cruzó el otro charco y se hizo con todo un archipiélago. El de las Filipinas, naturalmente.

Mientras españoles mal armados derrochaban valor y morían por su patria en el Caribe y en el Pacífico, los políticos españoles alternaban inopia con palabras altisonantes sin salir de la parálisis volitiva en que habían logrado hacer caer al país.

Eran los tiempos de la «abulia», de Ganivet; el «marasmo», de Unamuno; el «suicidio lento», de Menéndez Pelayo. «Yo me entristezco, me entristezco ante este rebajamiento, ante esta depresión dolorosa del espíritu de aquella España», se lamentaría tiempo más tarde Azorín.

El año 1898 marcó el punto más bajo de la vida nacional en los últimos siglos. No es casual que hicieran su aparición por entonces los nacionalismos catalán y vasco.

Al haberse tocado fondo queda dicho que después se comenzó a subir. Muy lentamente, demasiado lentamente. Desoyendo voces de singular inteligencia: Ortega y Gasset, Castro, Azaña, Sánchez Albornoz, entre otros, que hubieran permitido una evolución no traumática desde aquella España «sin pulso» a la de «encefalograma normal» que hoy disfrutamos.

No se les hizo caso y hubo que llegar a una guerra para que triunfaran las ideas de quienes creían que España podía inventar, tener barcos, investigar y desarrollarse sin perder su honra y sin dejar de ser.

En cuanto al hundimiento del *Maine*, hoy Estados Unidos reconoce que se debió a una fortuita explosión interna, muy probablemente un cortocircuito que hizo explosionar la pólvora almacenada en la santabárbara.

O sea, el azar.

VÍCTIMA SE NECESITA

Elisabeth, emperatriz de Austria-Hungría, Sissi para los millones de admiradores que tuvo y sigue teniendo en el mundo, es uno de los personajes más populares y menos conocidos de la Historia.

Fuera de las fronteras de su patria y de su tiempo, alcanzó la extraordinaria notoriedad de que actualmente goza gracias a tres películas que los austriacos tuvieron el acierto de realizar en la década de los cincuenta.

En ellas se nos muestra una Sissi libre, enamorada y feliz, cuya vida transcurre entre lagos, bosques y montañas de idílico encanto. Aunque también podemos ver que, a partir de su matrimonio, comienzan los enfrentamientos con su suegra, la rígida archiduquesa Sofía.

La mayoría de los siempre sabios críticos cinematográficos descalificaron las películas tachándolas de visiones idealizadas e hiperglucosadas, que poco tenían que ver con la realidad histórica.

Por una vez, se equivocaban los críticos. Las películas, especialmente la primera, *Sissi*, muestran con verdadero rigor histórico la vida de la libre muchacha, hija del singularísimo y libérrimo archiduque Max, hasta el momento de su boda con Francisco José, ya emperador.

Elisabeth nació en la Nochebuena de 1837, y en ella se cumplió al pie de la letra la antigua tradición de que los nacidos en tan señalada fecha serán seres excepcionales, dotados de inigualable encanto pero también sujetos a males terribles.

Seguramente no podemos atribuir al azar sino al amor de sus padres la fecha de su nacimiento, pero sí podemos atribuirle el que su madre la llevara a Ischl.

La archiduquesa iba con su hija mayor, Nené, nada menos que a entrevistarse con el joven emperador y con su augusta madre. El motivo del encuentro, supuestamente secreto pero por todos conocido, era la petición de mano que Francisco José haría a la bella Nené.

Como es sabido, y la película correspondiente nos lo muestra con absoluta fidelidad (excepto en lo del encuentro previo en una carretera), el emperador se enamoró de ella no más verla y ese mismo día anunció a su primero sorprendida y después indignada madre su cambio de planes.

Incluso el Hollywood de los mejores tiempos habría dudado antes de aceptar un guión de tan subido romanticismo y presumible irrealidad. Sin embargo, una vez más la realidad supera a la ficción, la naturaleza al arte, el amor a Hollywood, etcétera.

Francisco José se enamoró locamente de Elisabeth nada más verla —la conocía, eran primos, pero se veían muy poco—; veinticuatro horas más tarde ya había pedido su mano y poco después la alegre muchachita de los bosques bávaros y el poderoso y guapo emperador se casaban entre clarines e incienso.

Se casaron, puede que comieran perdices, pero no fueron felices.

Francisco José mantuvo incólume hasta el fin de su prolongada vida el apasionado, definitivo amor que nació en Ischl, y Elisabeth quiso a su marido siempre, y jamás le fue infiel. ¿Por qué, entonces, no fueron felices?

Una frase y un poema, ambos de Sissi, lo explican.

La frase es simple y contundente: «Quiero al emperador, pero mucho más lo querría si no fuera emperador.»

El poema, escrito unos días después de su boda, es

un lamento que nos conmueve, máxime teniendo en cuenta que su autora tenía dieciséis años cuando lo escribió:

¡Ah, cómo perdí yo el camino
que a ti iba, libertad!
¡Ah, cómo perdí mi ruta
por los senderos del orgullo!
En la prisión me encuentro ahora,
con hierros atadas las manos.
Pero si mi anhelo es profundo,
bien lejana tú, libertad.
De una embriaguez me despierto
que aprisionó mi corazón.
Yo quise vivir de tanto engaño,
pero te perdí, libertad.

La lectura de estas estrofas nos proporciona la clave para entender el drama de Sissi.

Ella, aunque de la primera nobleza, era, por encima de todo, una muchacha amante de los animales, de los árboles —ponía nombre a sus preferidos y les hablaba—, de los lagos y, en resumen, de la libertad, que para ella era sinónimo de espacios abiertos.

Del campestre palacio familiar de Possenhofen, donde se hallaban sus animales, sus árboles y su libertad, pasó sin transición a los pétreos muros y oscuros aposentos del Hofburg, el palacio imperial vienés. Donde, para su definitivo inri, no mandaba su esposo sino su suegra, estúpidamente inflexible en materia de protocolo.

Si de las reinas de España se llegó a decir que no tenían piernas, de las emperatrices de Austria bien podría haberse dicho que no tenían cuerpo.

Como sus regios esposos, sólo podían ser símbolo de la grandeza imperecedera de los Habsburgo.

Familia, cabe decirlo, que austriacos y españoles no podemos recordar sin sentimientos de reconocimiento, admiración y aun afecto.

Sissi, una Wittelsbach, quería mucho a los Habsburgo, pero odiaba su rígido, asfixiante protocolo.

En breve inciso diremos que ese protocolo Habsburgo es hasta hoy llamado por los austriacos «español», cuando fue Felipe el Hermoso y, mucho más, Carlos V quienes lo introdujeron en España, importándolo de Borgoña.

La infortunada muchacha no resistió por mucho tiempo los para ella deletéreos aires que se respiraban en el Hofburg y se lanzó a una desenfrenada búsqueda de espacios abiertos.

En frase fácil, pero probablemente no inexacta, podríamos decir que pasó el resto de su vida en una ininterrumpida y obligadamente infructuosa búsqueda de su adolescencia en Possenhofen.

A una visita oficial a Madeira, que escandalizó a la realeza europea por hacerla sin su marido aunque viajara en el yate de la victoriana reina Victoria de Inglaterra, siguieron multitud de viajes que incluyeron Mallorca, Irlanda, Inglaterra, Argel, Francia, Gibraltar, Italia y Corfú.

En la hermosa isla griega, como ocurriría también en Hungría, pareció haber encontrado Sissi su destino. Compró una hermosa villa, la llenó de estatuas y de flores, y pasó en ella felices momentos, hasta que su infelicidad esencial la forzó a seguir buscando.

Toda su vida fue un continuo deambular. Era bella, bellísima, y buscaba serlo más todavía apelando a baños, dietas, masajes y todo tipo de convencionales torturas. Suelta, su hermosa cabellera llegaba hasta el suelo —y ella medía 1,72 metros—, así que su peluquera preferida la acompañaba en todos los viajes y pasaba horas y horas peinándola, despeinándola y volviéndola a peinar.

Amaba la literatura, en especial la poesía y, más especialmente aún, a Heine. Pero, por encima de todo, amaba el mar. «Es mi confesor», decía. Y, lógica consecuencia (o causa), amaba los barcos.

Le sorprendía que algunos creyeran que sólo servían para trasladar, cuando, afirmaba muy seria, son la vida misma. «Una vida ideal, químicamente pura, sin percepción de tiempo.»

No será quien esto escribe el que la desmienta.

Entre barcos, cabalgatas, fugaces presencias en la corte que odiaba, interminables caminatas, dietas y encuentros con su marido, fue arrastrándose la vida de Sissi.

Al tiempo que ella buscaba sin hallarla su perdida adolescencia, muchos hombres y mujeres en toda Europa perseguían otras utopías.

Los trabajadores vivían en condiciones casi siempre inhumanas y ya desde mediados de siglo eran muchos los que clamaban contra la injusticia y las indignantes desigualdades sociales. Unos empuñaban la pluma, otros la palabra y algunos las armas. Eran los anarquistas, claro.

Su gran profeta, Bakunin, a quien Wagner llamó «destructor de dioses», preconizaba la revolución mundial e inmediata. No pudo lograrla, aunque lo intentó reiteradamente, pero sus ideas hicieron escuela.

Uno de sus discípulos, Kropotkin, que tenía todas las condiciones necesarias para ser oído, ya que, además de ruso, era príncipe, exigía «... la revolución permanente por medio de la palabra hablada y escrita, el puñal, el rifle, la dinamita... Todo medio ilegal es bueno para nosotros».

Había entre los anarquistas destacados universitarios e intelectuales, muchos obreros que ansiaban desesperadamente mejorar sus lamentables condiciones de vida, y también fanáticos mesiánicos y simples pistoleros.

En las últimas décadas del siglo XIX y hasta la primera guerra mundial, una trágica cadena de atentados anarquistas conmocionó la vida europea y americana. Víctimas de las bombas, las balas o el puñal, murieron el presidente de Francia, Sadi Carnot; el de Estados Unidos, McKinley; el rey de Italia, Humberto; el zar de Rusia, Alejandro II, y muchos más.

Imposible dejar de citar las bombas del teatro del Liceo, de Barcelona, que provocaron la muerte de veinte personas, y el asesinato del gran gobernante y político español Cánovas del Castillo.

En el verano de 1898, Sissi, todavía bajo la terrible impresión de la muerte de una de sus hermanas en el incendio del Bazar de la Caridad, en París, se instala en Ginebra. Más exactamente en Territet.

Invitada por la baronesa de Rothschild a comer en su lujosa villa junto al lago Lehman, Sissi regresa por la noche a Ginebra y pernocta en el hotel Beau Rivage, situado frente al lago. Al día siguiente, 10 de septiembre, sale de él, cruza la calle y se dispone a subir al barco de ruedas que la devolverá a Territet.

Luigi Luccheni, italiano de Parma, era un exponente típico de las miserias de la época. Nunca conoció a su padre, y su madre lo abandonó cuando tenía nueve años. Precisemos: no lo dio en custodia, no lo llevó a una inclusa; simplemente un día se fue y dejó al niño en la más absoluta miseria.

Para sobrevivir, Luigi hizo cuanto estuvo a su alcance. Desde robar hasta trabajar. Siendo un niño, fue admitido en los ferrocarriles italianos, donde realizó las más penosas tareas por unas monedas. Después cambió muchas veces de trabajo, sin lograr aumentar sus ingresos pero sí su odio a los patronos y a los ricos en general.

Todo lo cual, más el odio a sus padres —a la autoridad— lo llevó inevitablemente al anarquismo. Allí encontró un poco de calor y, sobre todo, motivos para vivir. No era el único, descubrió con alegre sorpresa que odiaba a los ricos y que quería acabar con ellos.

Luigi no era muy listo ni tenía interés alguno por leer a Bakunin y a Kropotkin, así que no destacó entre los anarquistas italianos. Como tampoco destacaba en sus cambiantes trabajos, decidió, al igual que Mussolini, probar suerte en Suiza.

Lausana estaba construyendo su nuevo edificio de Correos y el joven consiguió trabajo en la obra como ayudante de albañil. Naturalmente, no bien llegar, se puso en contacto con los anarquistas locales, cuyos nombres le habían sido proporcionados en Italia.

Pronto figuró en los ficheros de la policía, que no se ocupó mayormente de él por considerarlo «no peligroso».

Calificación que, de haberla conocido, hubiera molestado grandemente a Luccheni, quien había decidido demostrar a sus compañeros y al mundo que era un hombre de agallas, capaz de hacer algo grande sin ayuda de nadie.

Solía decir a sus íntimos: «Me gustaría matar a alguien, pero debería ser alguien importante para salir en los periódicos.» Frase que permite evaluar con suficiente exactitud su cociente intelectual. Por no hablar del moral.

Tras lo que, imaginamos, debió de ser un largo y meditado estudio, Luccheni eligió a su víctima: el duque de Orleans, pretendiente al trono de Francia, que estaba en Ginebra.

Convencido de que matarlo lo haría «salir en los periódicos», el aspirante a héroe anarquista afiló pacientemente una lima con mango de madera hasta convertirla en fino estilete, se informó someramente sobre los movimientos del duque, y el 10 de septiembre marchó a Ginebra al encuentro de su víctima.

Pero no tuvo suerte. Por los motivos que fueran, el de Orleans no se mostró a los nerviosos ojos de su frustrado matador.

Éste, rumiando su rabia, se fue a dar un paseo por las orillas del lago Lehman antes de volver al trabajo en Lucerna.

Entonces vio a la emperatriz de Austria sin más escolta que una dama de compañía.

Un trabajo fácil, sin riesgos y que le garantizaba el «salir en los periódicos». Pésimo asesino hubiera sido de dejar pasar una ocasión como aquélla.

Cuando el juez le preguntó por qué lo había hecho, Luccheni fue sincero: «Porque no encontré al duque de Orleans, que era a quien quería matar.»

Y era a Sissi a quien había asesinado para no perder el día.

Maldito azar.

EL TRADUCTOR QUE NO TRADUJO

La función básica de los traductores es traducir; por hacerlo se les paga, y si lo hacen muy bien, reciben además general consideración y aplauso.

Así debe ser y así es; sin embargo, la historia que se narra aquí es la de un traductor que ha ganado consideración, aplauso y hasta un lugar en la Historia precisamente por no traducir.

El año 1939 fue para España el final de la larga y terrible guerra civil pero también fue, como para el resto del mundo, el comienzo de la segunda guerra mundial.

Después de la conquista de Polonia por Hitler, el conflicto devino en un juego posicional que la Historia conoce como *drôle de guerre*. Los alemanes ultimaban la preparación de sus *Panzerdivisionen*, los ingleses se distribuían por Francia y los franceses sonreían confiados, contemplando tanto ir y venir desde su confortable y, por supuesto, «inexpugnable» Línea Maginot.

El mundo democrático esperaba confiado el pronto y favorable fin de la guerra, ya que los dos ejércitos más poderosos del mundo —el francés y el inglés, en ese orden— no podían ser vencidos por la pequeña Alemania, que ni siquiera tenía escuadra, más la Línea Maginot, la superioridad moral de las democracias, el creciente descontento del pueblo alemán, etcétera.

En mayo de 1940, sin aviso previo, Hitler pasó de

la *drôle de guerre* a la *Blitzkrieg* y la Europa democrática se desmoronó. También la Línea Maginot, claro.

En menos de mes y medio los tanques de Guderian llegaron a Dunkerque, París y, naturalmente, a la frontera española.

Como es sabido, a la vez que la Segunda República española recibía ayuda de la URSS, Francia, México y otros países, a Franco le llegaba de Roma y de Berlín. En ese verano del 1940, Hitler demostraba creer que había llegado el momento de que el gobierno español pagara la deuda.

En otras palabras: Hitler quería —y Franco sabía que lo quería— que España entrara en guerra. De su lado, naturalmente.

Por más que ahora sean muchos los sobrevivientes de tan trágico año que afirmen lo contrario, lo cierto es que en junio de 1940, y durante como mínimo un año más —hasta la invasión de la URSS—, eran poquísimos en el mundo y en España los que ponían en duda la victoria de Hitler sobre las «democracias decadentes».

Por otra parte, para quien estaba en buenas relaciones con el Führer parecía el mejor negocio ponerse activamente de su lado para así coger al menos algo del inmenso botín.

Los pocos neutrales que quedaban en Europa, exceptuando la lejana Portugal, siempre fiel a Inglaterra, comprendían que, si querían mantenerse apartados de la guerra, tendrían que hacer grandes concesiones al Führer.

Así lo entendieron y así lo hicieron dos países cuya autenticidad democrática nadie en su sano juicio se atrevería a discutir: Suecia y Suiza. Mientras el primero permitió durante toda la guerra el paso de tropas alemanas por su territorio, el segundo entregó puntualmente a los combatientes aliados que buscaban refugio en su territorio. Muchos de ellos fueron fusilados por los alemanes al lado mismo de la frontera.

España no permitió el paso de un solo soldado alemán en dirección a Gibraltar o Portugal y no entregó refugiados. Por el contrario, se organizó la llamada «ruta de los ingleses», gracias a la cual centenares de aviadores derribados pudieron atravesar nuestro territorio y llegar a Gibraltar.

Por otra parte, es de destacar, aunque no sea el tema de este artículo, la acción que el gobierno español realizó durante toda la guerra para salvar vidas judías, en especial los de origen sefardí, bien proporcionándoles pasaportes españoles o directamente intercediendo por ellos ante Hitler.

Pero todo eso ocurriría más tarde. En julio de 1940 sólo había victoria —casi— total del Tercer Reich y comienzo de presión sobre Madrid para que interviniera directamente en la contienda o, cuando menos, permitiera el paso de tropas alemanas por territorio español.

A partir de la caída de París y subsiguiente rendición de Francia se multiplicaron los contactos entre los gobiernos de Madrid y Berlín, siempre por expreso deseo de los alemanes.

Don Ramón Serrano Suñer, testigo felizmente viviente de una de las páginas más honrosas de la historia española del siglo xx, fue a Alemania, donde se entrevistó con el famoso Von Ribbentrop, ministro alemán de Asuntos Exteriores, y con el mismo Hitler.

Con la inquietud que es de imaginar oyó a Ribbentrop pedir una de las islas Canarias y al Führer urgir la pronta entrada en guerra de nuestro país.

Esto ocurrió el 17 de septiembre de 1940, en el apogeo del Tercer Reich y, no lo olvidemos, con sus tropas en los Pirineos.

Nada concreto había obtenido Hitler de la entrevista con Serrano Suñer —«el cuñadísimo»—, así que, con rapidez de *Blitzkrieg*, «invitó» a Franco a reunirse con él, en Hendaya, el 23 de octubre.

Para reseñar esa trascendental entrevista tenemos el testimonio escrito de Serrano Suñer, que asistió a ella junto con Franco, Ribbentrop y el mismo Hitler. Jamás, en cincuenta y tres años, fue desmentido, así que a su testimonio nos remitimos.[1]

1. Tomándolo de la versión que de él da Ricardo de la Cierva en *La Historia se confiesa*, Editorial Planeta, Barcelona, 1976.

Empieza el testigo desmintiendo la perviviente creencia de que Franco hizo esperar una hora a Hitler por hispánica chulada. Aclara que el retraso sólo fue de ocho o nueve minutos y que se debió al calamitoso estado de nuestras vías y material rodante.

Realmente sería demasiado pedir de Franco que se permitiera «chuladas» con el amo de Europa.

Aunque, bien mirado, se las permitió y mucho más importantes. Pero disimuladas.

La reunión, celebrada, como se sabe, en el vagón especial de Hitler, comenzó con amables saludos y felicitaciones por ambas partes. Después, el anfitrión hizo un amplio análisis de la situación militar y de sus planes para el «día siguiente» de la victoria. El Nuevo Orden —dijo— gobernaría Europa, y España no podía dejar de ocupar en él un puesto relevante.

Naturalmente, para que eso ocurriera nuestro país debía contribuir decididamente al esfuerzo «común». Concretando, habló de que más pronto aniquilaría a Inglaterra si la despojaba de Gibraltar, contaba con bases en las Canarias y con la beligerante presencia española en el norte de África.

Como Franco, buen gallego, se limitaba a escuchar con atención y hacer de vez en cuando corteses movimientos de cabeza, Hitler, temiendo no ser bien entendido por su interlocutor, puso las cosas en su lugar con histórica frase: «Yo soy el dueño de Europa y como tengo a mi disposición doscientas divisiones no hay más que obedecer.»

No exageraba porque las tenía. Además, bien lo habían obedecido dos años antes, en Munich, Chamberlain, Daladier y Mussolini cuando ni siquiera era probable que llegara a tenerlas.

Le tocó el turno de hablar a Franco. Después de ensalzar la amistad hispano-germana, refiriéndose a nuestra guerra dijo textualmente:

«Los soldados españoles lucharon junto con alemanes e italianos y de ahí nació entre nosotros la más estrecha alianza que seguirá en el futuro porque nadie podrá romperla, y con gusto estaríamos luchando ya al lado de Alemania si no fuera por las dificultades económicas, militares y políticas que el Führer conoce.»

Y se extendió larga, prolija, exageradamente en la relación de todas nuestras carencias. Que, sin duda, eran muchas.

Pronunció un torrente de buenas palabras pero no se comprometió absolutamente a nada.

Conviene decir que unos días antes de la entrevista el todavía ministro de Asuntos Exteriores español, general Beigbeder, poco después sustituido por Serrano Suñer, había convocado a su despacho a los embajadores de Inglaterra, Hoare, y de Estados Unidos, Wedell, para transmitirles la firme decisión del gobierno de no intervenir en la guerra.

Prueba de que fue creído es que a poco se abrió en Madrid el Instituto Británico y se creó una compañía dependiente del Ministerio inglés para la Guerra Económica con el fin de regular los intercambios comerciales entre los dos países.

Volvamos a Hendaya.

La exposición de penurias de Franco se prolongaba y Hitler, que al principio escuchaba con atención, comenzaba a dar muestras de aburrimiento, incluso «bostezando con desenfado algunas veces».[2]

Seguramente para no dormirse —o echarse a llorar ante tantas penurias españolas—, Hitler, con amabilidad pero con firmeza, indicó a Ribbentrop que entregara a Serrano el documento que llevaban preparado para que la delegación española introdujese en él las correcciones que creyera convenientes.

Del documento sólo cabe destacar que pretendía que España entrara en la guerra cuando Alemania «lo considerase oportuno»; Franco se indignó al leerlo, dijo que jamás lo firmaría, jamás lo firmó, y de la entrevista de Hendaya no salió más que un protocolario e inofensivo comunicado oficial de buenas intenciones.

Cuando los españoles abandonaban el vagón, el intérprete español, barón de las Torres, que salía el últi-

2. Esta cita, como todas las de este artículo, corresponden al libro de Ricardo de la Cierva ya citado.

mo, oyó a Hitler decir a Ribbentrop: «Con estos tipos no hay nada que hacer.»

En el libro que publicó años más tarde, el intérprete alemán Schmidt refiere la conocida anécdota según la cual, tras la partida de la comitiva española, el Führer habría dicho a sus íntimos: «Prefiero que me arranquen las muelas sin anestesia a tener que tratar con Franco.» Desde luego, nunca más trató personalmente con él.

Después de la histórica reunión, Hitler invitó a Franco y a su cuñado a cenar, y a la hora de las despedidas definitivas se produjo el hecho que da título y razón de ser a este artículo.

Como bien explica Serrano Suñer, era costumbre en la España de entonces, y lo sigue siendo en la de hoy, despedirse con un «Hasta muy pronto», «Tenemos que vernos para charlar ...», «Ésta es su casa», etc., precisamente con aquellos a quienes no tenemos mucho interés en volver a ver (a los que sí tenemos les decimos: «Te llamo mañana a las once» o «Comemos el viernes»).

En esa hispánica línea de convencional —y hasta mecánica— cortesía, y seguramente eufórico por haber salido tan bien parado de tan mal trance, dijo Franco a Hitler, mientras estrechaba su mano: «A pesar de cuanto he dicho, si llegara un día en que Alemania de verdad me necesitara me tendría incondicionalmente a su lado, y sin ninguna exigencia.»

Franco y todos sus acompañantes sabían que esas palabras estaban vacías de contenido real, que eran dichas sin ni remotamente pensar en cumplirlas —no se cumplieron—, pero Hitler no tenía por qué conocer tanto sobre los usos cotidianos de los españoles.

Muy bien pudo haber respondido, con la velocidad que por entonces lo caracterizaba: «Caudillo, ese momento ha llegado. ¡Vamos a la guerra!»

Pero entonces intervino el azar.

El intérprete alemán, de apellido Gross, que estaba junto a Hitler, sea por entender que la frase era protocolaria o, lo más probable, porque a esas horas de la noche y después de tanta faena estaba medio dormido, no la tradujo.

Exagerado sería afirmar que gracias a él España no entró en la guerra, pero lo cierto es que su «dejación de funciones» hizo un gran favor a nuestra patria.

Muchos años más tarde, comiendo Serrano Suñer en Bad Godesberg con el segundo jefe de Protocolo de la República Federal de Alemania y otros funcionarios, salió el tema de la no traducción, y dijo el diplomático alemán: «En justicia, los españoles deberían conmemorar el hecho levantando un monumento al intérprete Gross.»

Quizá no sería mala idea.

De momento, bendito azar.

ROMMEL NO ESTABA ALLÍ

Si pocos son los que niegan a Churchill la gloria de haber salvado Inglaterra en los oscuros días de 1940, menos aún son los que niegan a Rommel la calidad de ser uno de los generales más populares de la segunda guerra mundial.

Es sabida la preocupación de Montgomery para evitar que cundiera entre los hombres la admiración «deportiva» por el Zorro del Desierto, en tanto él mismo tenía su fotografía clavada en una pared en su caravana de campaña. «Para no olvidarme de lo peligroso que es ni siquiera cuando duermo», se disculpaba ante sus ayudantes.

Rommel nunca había estado en blindados, ya que pertenecía a Infantería, pero el Alto Estado Mayor de la Wehrmacht le confió el mando de la 7.ª División Blindada (*Panzerdivision*), en febrero de 1940, cuando la *Blitzkrieg* caía sobre Francia. Con ella llegó hasta Dunkerque.

Ya era un jefe popular en Alemania por sus victorias, pero sería en África donde alcanzaría el cenit de su gloria y entraría en la Historia por la puerta grande.

Los italianos, que ocupaban Abisinia desde 1936, decidieron hacer su aportación a la victoria y avanzaron sobre Egipto, en cuyo territorio llegaron a entrar en 1940, con el mariscal Graziani al frente de un respetable ejército de casi cien mil hombres, más otros ciento cincuenta mil en la retaguardia.

Se enfrentó a ellos el general británico O'Connors,

con tan sólo 35000 soldados, aunque el doble de tanques que los italianos.

Entre diciembre de 1940 y mayo de 1941 el poderío militar de Italia en África quedó literalmente pulverizado.

Hubiera sido el final de la guerra en esa inmensa región, de no haber llegado a tiempo Rommel.

El victorioso general O'Connors terminaría siendo su prisionero. Santiago Perinat, en su excelente artículo sobre la campaña de África[1] del cual tomamos numerosos datos, nos dice de él: «Después de su captura, en febrero de 1941, corrió la anécdota, seguramente falsa, de que al ser conducido al puesto de mando alemán había preguntado vivamente: "¿Alguien sabe hablar inglés?", y al levantarse cortésmente un alto oficial alemán afirmándolo, le espetó: "¡Pues váyase a la mierda!"»

Un par de meses antes de la fecha en que O'Connors dijo o pudo haber dicho su famosa frase, llegaba Rommel al teatro de operaciones como jefe del Cuerpo de Ejército de África, que él pronto convertiría en el legendario Afrika Korps.

Los italianos, sus aliados, vieron con malos ojos su llegada, ya que era evidente que estaba allí para enmendar sus errores. Por contra, su gran oponente, el general Archibald Wavell, jefe supremo de las fuerzas británicas, recibió la noticia con mejor ánimo, ya que lo admiraba. Además de por sus conocidas victorias, por ser el autor de *Ataques de Infantería*, que el alemán había editado en 1937 y que era para el inglés libro de cabecera.

Como hemos dicho, el inminente Zorro del Desierto había hecho la campaña de Francia al frente de una disivión blindada, dependiendo del mando del general Guderian, el artífice de la *Blitzkrieg*, por lo que su experiencia en la materia era amplia.

Pero su gran mérito fue pasar de las verdes estrecheces europeas a los ilimitados espacios norteafricanos sin solución de continuidad e incluso aumen-

1. Santiago Perinat, «La Campaña de África», en *Historia y Vida*, extra, núm. 14, 1978.

tando notablemente su efectividad en el nuevo y desconocido campo de batalla.

Comprendió desde el primer momento que no podía librarse una guerra de posiciones; entre otras cosas porque no había —apenas había— posiciones dignas de tal nombre, pero especialmente, porque su intención era volver a Egipto y llegar hasta El Cairo y el canal de Suez. Lo que significaba recorrer miles de kilómetros de duro desierto, siempre enfrentado a enemigos nada tontos e infinitamente mejor aprovisionados que él.

Pero lo intentó y bien sabemos todos que a punto estuvo de lograrlo.

Rommel comenzó avanzando casi sin resistencia, pero tuvo que detenerse ante la poderosa posición fortificada de Tobruk. El cerco duró meses, pero finalmente el Afrika Korps se vio obligado a retirarse, no sin dejar diezmados a los ingleses y destruir quinientos de los setecientos tanques que tenían. Rommel perdió sólo cien, pero eso representaba el sesenta por ciento del total de sus blindados.

De todos modos, una mejoría en el Mediterráneo le permitió reaprovisionarse adecuadamente de hombres y material durante los meses de diciembre de 1941 y enero del 1942, meses que retomó la iniciativa.

Arrolló fácilmente a quienes se pusieron ante él, ocupó y rebasó Benghazi y llegó hasta la poderosa línea defensiva de Gazala-Bir Hacheim. Después de dos semanas de extenuante lucha, obtuvo una victoria total, que dejaba en sus manos todos los suministros del enemigo, incluidos los pocos tanques que habían sobrevivido a la destrucción.

Los que no lograron sobrevivir fueron casi cincuenta mil soldados británicos.

Una semana después de tan sensacional victoria, el Afrika Korps entraba en la aparentemente inexpugnable Tobruk tras un solo día de lucha.

Eran los días en que, más que a sus tanques y a sus cañones del 88, los ingleses temían a Rommel.

En cuanto a él, ahora sí veía despejado el camino hasta El Cairo y el canal de Suez.

Por supuesto, no tenía hombres ni medios materiales para llegar tan lejos, enfrentándose a un enemigo que podía recibir diez veces más suministros que él, pero, aunque lo sabía, no por eso dejó de intentarlo.

Y así llegamos hasta las batallas de El Alamein, porque fueron dos y no una como suele creerse.

Después de rebasar con éxito la bien fortificada posición británica de Marsa Matruk, Rommel se adentró en Egipto casi cuatrocientos kilómetros, llegando a menos de cien de la codiciada Alejandría.

Pero entre la ciudad y él estaba la línea defensiva de El Alamein, montada por el general Auchinlek, nuevo jefe del que ya era conocido como 8.º Ejército británico.

La posición era inmejorable porque cubría una región que iba desde el mar hasta la impracticable depresión de Qattara, además sembrada de minas por los ingleses.

Adormecido por tanto incienso que compatriotas, aliados y hasta enemigos quemaban en su honor, el 26 de junio de 1942, Rommel atacó la posición con fuerzas mínimas.

Gracias a un violento ataque inicial, que no sorprendió a los prevenidos ingleses pero sí logró dispersarlos, los alemanes pudieron ocupar la colina de Deir al-Shein, centro vital del enemigo, pero de allí no pudieron pasar.

La lucha, en muchas ocasiones feroz, duró un larguísimo mes, aunque las posiciones no variaron sustancialmente. Una contraofensiva de Auchinlek fue detenida con gran esfuerzo por los alemanes.

La batalla terminó por agotamiento de ambos contendientes y no por victoria clara de uno sobre el otro. Pero, sin duda, quien quedaba en peor situación era Rommel.

Que no se retiró, como le aconsejaban sus asesores, sino que se «pegó» al terreno. Incluso intentó romper las líneas británicas el 30 de agosto, pero no consiguió más que perder otros cincuenta de los pocos tanques que le quedaban.

Rommel era ya un jefe mítico y mitificado y los ingleses necesitaban poner frente a él otro mito. No lo tenían, así que se lo inventaron.

Bernard Montgomery, con cincuenta y cinco años en 1942, era un típico oficial de Sandhurst, que en la primera guerra mundial había adquirido fama de eficiente y duro, aunque querido por sus subordinados.

Dando una prueba más —quizá la mayor— de su extraordinaria cualidad de descubrir el hombre adecuado, Churchill lo eligió para que se enfrentara con Rommel.

Sin más originalidades que una boina y una sonrisa, Montgomery se entregó, no bien llegar a Egipto, a la que consideraba su principal tarea: devolver al 8.º Ejército la moral que el Zorro del Desierto le había robado.

No era especialmente simpático, sino duro y, como pudo comprobarse a lo largo de la guerra, en ocasiones terco, pero supo cumplir su cometido. En muy poco tiempo se hizo popular entre sus hombres, que pronto empezaron a alternar el nombre de Rommel con el de «Monty».

Urgido por Churchill a atacar de inmediato, el nuevo jefe del 8.º hizo abundante acopio de material durante dos meses y, el 23 de octubre de 1942, pasó a la ofensiva en el inmovilizado frente de El Alamein.

Contaba con 230000 hombres, 1230 tanques y 1500 aviones. A esta fuerza formidable Rommel sólo podía oponer 80000 hombres (de ellos, 50000 italianos), 210 tanques de similar potencia que los enemigos y 350 aviones.

La diferencia era suficientemente grande como para predecir el vencedor, pero con Rommel nunca se podía estar seguro. El Zorro se había ganado ese mote porque aparecía donde menos se lo esperaba y desaparecía de donde se suponía que estaba, para atacar por sorpresa cien o doscientos kilómetros más lejos. Además, su sola presencia —y él siempre instalaba su puesto de mando en primera línea— galvanizaba a sus hombres.

Con Rommel en cabeza, ninguna fuerza humana podía detener al Afrika Korps.

Sólo que el 23 de octubre de 1942 Rommel no estaba en El Alamein.

El motivo de tan insólita ausencia era tan trivial que sólo puede entenderse como intervención del azar: Había volado a Alemania para despachar con Hitler y, seguramente a causa del agotamiento físico, contrajo una gripe de la que estaba reponiéndose en Austria.

Es de suponer que Montgomery conocía esta circunstancia y la aprovechó debidamente. De no ser así, habrá que pensar nuevamente en el azar.

Ese primer día de combate fue determinante. Los alemanes esperaban el ataque por Deir al-Shein, la céntrica posición ocupada por ellos en la primera batalla, pero Monty, demostrando desde ese momento ser un rival digno de Rommel, atacó por la costa. No logró romper las líneas enemigas pero produjo gran confusión y empujó el frente unos kilómetros hacia el oeste.

Al día siguiente ya estaba Rommel en su puesto de comando, pero, como de inmediato pudo comprobar, el daño ocasionado por los ingleses, especialmente por el masivo cañoneo que precedió al ataque, era más que preocupante.

Pese a ello, y sin arredrarse, ordenó el contraataque general, centrando la acción en el saliente logrado por el enemigo, que era lo que Monty esperaba que hiciera, sólo que Rommel no atacó durante el día sino al ponerse el sol, cuando los artilleros ingleses tenían sus rayos en los ojos. La artimaña no le valió para nada más que recuperar en parte el terreno perdido, y eso a costa de enormes pérdidas.

La acción, con violencia creciente, continuó pero la superioridad en hombres y material de los ingleses evidenciaba que su victoria era cuestión de poco tiempo.

En los siguientes días, siempre luchando con firmeza, Rommel comprendió que el descalabro general sufrido por sus líneas durante el primer día de combate era irreparable. Tras tender con éxito una emboscada a los primeros tanques ingleses que se atrevían a avanzar, seguros de no hallar enemigos a su frente, el 4 de noviembre ordenó la retirada general.

Es curioso que esa retirada de casi tres mil kilómetros a través del desierto haya contribuido tanto como sus victorias a consolar el mito del Zorro del Desierto.

Pese al constante hostigamiento de la aviación británica, logró llevar lo que quedaba del Afrika Korps casi sin pérdidas hasta Túnez.

Rommel abandonó África en marzo de 1943, y en ese mismo año, el 7 de mayo, terminó la resistencia alemana con la caída en manos aliadas de Túnez y Bizerta.

Como es sabido, Hitler le encargó la construcción del Muro del Atlántico, en un intento por detener en tierra la previsible invasión del continente.

Rommel intuyó que el desembarco se realizaría en las costas normandas y pidió al Führer que le permitiera centrar el dispositivo de defensa en sus proximidades, pudiendo disponer allí de un grupo de ejército móvil para utilización inmediata.

Opinaba que a los invasores había que batirlos en las playas porque si lograban rebasarlas no se los podría detener.

Hitler le escuchaba pero no le hacía caso. Había decidido que la invasión llegaría por Calais y así tenía que ser. Así le fue.

En los meses iniciales de 1944 Rommel era asediado por muchos de sus mejores y más antiguos camaradas de armas para que se sumara a ellos en un plan para sustituir a Hitler en la jefatura del Estado y gestionar una paz decorosa con los aliados.

El Zorro del Desierto nunca se comprometió abiertamente con ellos pero tampoco los denunció a sus superiores, así que, después del fallido atentado del 20 de julio de 1944, Hitler, para evitar un juicio público al que los alemanes llamaban «el mariscal del pueblo», le envió a dos generales con un frasco de veneno.

Como era un soldado disciplinado, Rommel se lo bebió.

Era el 14 de octubre de 1944 y en esta oportunidad el azar no intervino para nada.

¿POR QUÉ NO MURIÓ HITLER?

Un personaje como Hitler sólo podía suscitar sentimientos extremos: idolatrante amor o intransigente odio. Contra lo que generalmente se cree, fueron muchos los alemanes a quienes su Führer inspiraba este último sentimiento.

Entre ellos hubo centenares —posiblemente miles— que decidieron consagrar lo que les quedara de vida a combatir y, si fuera posible, matar al que hacían justamente responsable de llevar a Europa y también a Alemania a la destrucción y a la catástrofe.

Un grupo de jefes militares de la Wehrmacht envió información a Londres durante toda la guerra; comunistas formaron la legendaria Die Rote Kapelle (La Orquesta Roja), saboteando y desmoralizando en el frente interior hasta que fueron diezmados; varios militares y civiles intentaron durante años matar a Hitler, fallando siempre.

Pero hubo una conjura en Alemania que no podía fallar. Era la que concibieron y realizaron militares de primera línea, varios de ellos situados en el más íntimo entorno del Führer.

Ya en 1938, nada menos que el jefe del Estado Mayor de la Wehrmacht, general Ludwig Beck, había intentado «neutralizarlo», y al no hallar el imprescindible respaldo de sus camaradas, solicitó y obtuvo el retiro del ejército.

Su error, si así puede llamarse, fue adelantarse en el tiempo. Precisamente 1938 inició los años de máximo esplendor hitleriano. Eran los días de la anexión de los Sudetes, la unión con Austria y el increíble triunfo de Munich. En Alemania no había lugar más que para el orgullo.

En 1944, por el contrario, poco orgullo quedaba, si es que quedaba alguno. Las conquistas africanas eran historia; el ejército soviético, rebasadas sus propias fronteras, inciaba su marcha hacia Berlín; los Aliados se aprestaban a desembarcar en el continente; los bombardeos diarios y masivos pulverizaban a los alemanes y sus ciudades.

Ya desde 1943 —para los más avisados, desde la invasión de la URSS y la entrada de EE.UU. en la contienda— se hizo evidente que Alemania no podía triunfar.

Pero es a partir de ese crucial año 1943, que Churchill llamó del «vuelco del destino», cuando los indecisos se deciden a prestar la ayuda que un puñado de valientes militares les venían solicitando desde tiempo atrás.

Valientes, digámoslo claramente, porque valor y mucho necesita un militar, para quien la obediencia al superior es la ley primera, cuando se decide a matar a su jefe supremo, máxime estando su patria en guerra.

Los militares conjurados contra Hitler hacían a éste responsable directo y casi único de todos los males que estaba padeciendo Alemania. Creían firmemente (porque agentes aliados así lo habían asegurado) que la desaparición física del Führer permitiría una paz inmediata, salvándose así millares de vidas, lo que quedaba de ciudades e infraestructuras, y pudiéndose obtener unas condiciones de paz que permitieran la continuidad de Alemania como nación.

Algunos iban aún más lejos y especulaban con la posibilidad de una paz «a la italiana» que les permitiera unirse a franceses, británicos y norteamericanos en una eventual lucha contra el comunismo.

Especulaciones aparte, el grupo de conjurados tenía claro que, lo primero era matar a Hitler.

Eran casi todos militares de alta graduación, con algunos civiles. Reconocían como jefes al ya citado general Beck y a Karl Friedrich Goerdeler, antiguo alcalde de Leipzig y hombre muy respetado en los más influyentes círculos no nazis. En el grupo, o cerca de él, estaban el mítico Rommel, el mariscal Kluge y los generales Olbricht y Von Tresckow, todos con mandos de primera importancia.

Hay que decir que contaban también con el apoyo de la Abwehr, el servicio de inteligencia del ejército alemán, dirigido por el famoso almirante Canaris.

Éste, tradicional enemigo de Hitler, convirtió la organización en un centro de resistencia, hasta que —finales de 1943— las sospechas de algunos jefes de las SS les llevaron a realizar una investigación que dio como resultado la neutralización de la Abwehr y el confinamiento de su jefe en tareas administrativas.

Tras el atentado del 20 de julio de 1944, el almirante Canaris fue ejecutado por orden personal de Hitler.

Klaus von Stauffenberg había nacido en 1907, en Jettingen, hijo del chambelán del último rey de Württenberg; joven culto y especialmente dotado para las artes, en especial la música, se inclinó, sin embargo, por la carrera militar. Como la mayoría de los alemanes, admiró a Hitler en sus inicios, especialmente por su capacidad para devolver la ilusión a su pueblo y ser capaz de unirlo en una tarea común.

No le duró mucho el entusiasmo porque ya en 1938, a causa de la persecución de los judíos —él era católico practicante—, comenzó a manifestar ante íntimos su desacuerdo con el Führer. Ello no fue óbice para que cumpliera con notable eficacia sus deberes militares.

Después de pelear en todos los frentes de guerra, incluido el del Este, fue ascendido a coronel y enviado a África, donde se le dio el mando de una división de carros. Allí la explosión de una mina al paso de su coche de comando le privó del brazo derecho y de un ojo.

Fue transferido al ejército de reserva con el alto cargo de jefe de su Estado Mayor. En tal carácter, tenía acceso directo a Hitler.

Esta circunstancia fue la que decidió a los jefes de

la conjura a acceder a sus reiteradas solicitudes de ser él mismo quien terminara con la vida del dictador. Lo intentó sin éxito por dos veces, hasta que llegó el decisivo 20 de julio de 1944.

Esa mañana Von Stauffenberg tenía que asistir a una reunión del alto mando, presidida por Hitler, en su cuartel general de Rastenburg, en Prusia Oriental. El lugar que todos llamaban la «guarida del lobo».

Tras tantos aplazamientos e intentos fallidos, los conjurados decidieron que ése sería el día en que, sin más dilaciones ni titubeos, se acabaría con la vida de Hitler.

El plan general era simple, dentro de su obligada complejidad. El coronel llevaría una bomba en su cartera y, en el bunker donde se iba a efectuar la reunión, la colocaría a los pies de Hitler.

De inmediato, sin comprobar resultados, partiría de regreso a Berlín y allí, con el apoyo de sus tropas de reserva, ocuparía los edificios clave, reduciría a las temidas SS y entregaría el poder al general Beck, a quien los conjurados habían elegido por unanimidad para suceder a Hitler y pedir el armisticio a los Aliados.

A las siete de la mañana del 20 de julio, Von Stauffenberg, acompañado por su ayudante, el teniente Haeften, subió la escalerilla del avión que, desde Berlín, debía llevarlo a Rastenburg. Llegó a su destino a las diez, dirigiéndose inmediatamente a la «guarida del lobo». Era bien conocido por los jefes de la guardia, así que pudo pasar los sucesivos controles sin que a nadie se le ocurriera pedirle que mostrara el contenido de su cartera.

Ya en las dependencias interiores del fortificado edificio, fue al despacho del general Fellgiebel, jefe de comunicaciones del cuartel general y uno de los conjurados, confirmándole que la acción se llevaría a cabo de acuerdo a lo planeado.

No bien hubiera explosionado la bomba, a Fellgiebel le tocaba la importantísima misión de cortar las comunicaciones del cuartel con el exterior.

En la breve conversación que ambos militares

mantuvieron, Stauffenberg fue informado de que la reunión con Hitler no se realizaría en el búnker habitual, sino en uno de los barracones. Ésta era una mala noticia porque siendo el barracón un espacio amplio —cincuenta metros cuadrados— y con ventanas los efectos de la deflagración serían mucho menores que en un recinto subterráneo, más pequeño y herméticamente cerrado. Pero ambos coincidieron en que había que seguir adelante.

La reunión daría comienzo a las 12.30 horas, así que un par de minutos antes el coronel activó el detonante químico de su bomba de fabricación inglesa. Le quedaban diez minutos para lo que tenía que hacer.

A las 12.30 en punto Hitler entró en la sala, saludó brevemente a sus oficiales y se colocó, de pie como el resto de los presentes, ante el centro de la larga mesa que ocupaba la mitad de la estancia y que se hallaba cubierta por los mapas de situación de los varios frentes de lucha.

A la izquierda del Führer estaban, por ese orden, el mariscal Keitel, los generales Jodl y Warlimont y Von Sonnleithner, enlace de Asuntos Exteriores con el cuartel general; a su derecha, los generales Heusinger, Korten y el coronel Brandt, ayudante de Heusinger. Una quincena de otros altos jefes se distribuían por el resto de la mesa.

No bien llegar, y antes de que todos ocuparan sus puestos, Von Stauffenberg puso la cartera bajo la mesa, frente al lugar que poco después ocuparía el general Korten y apoyada contra la cara interna de una de las dos gruesas bases de roble que la sostenían.

Hitler ordenó a Heusinger que informara sobre la situación en el frente del Este; cuando comenzó a hablar el general, Von Stauffenberg solicitó y obtuvo del mariscal Keitel autorización para retirarse por unos minutos para llamar por teléfono. Sólo cuando terminara de hablar Heusinger sería su turno para presentar un informe sobre el estado de las fuerzas de reserva bajo su mando.

Un par de minutos después de haber salido, se produjo la explosión. Eran las 12.42.

Stauffenberg, de acuerdo a lo planeado, abandonó de inmediato el cuartel general en compañía de su ayudante, regresando a Berlín en el mismo avión que los había llevado a Rastenburg.

En la capital, y sin mayor problema, arrestó al gobernador militar, general Fromm, a quien sustituyó el también general Höppner. Como las comunicaciones con el cuartel general estaban cortadas, gracias a la eficaz acción de Fellgiebel, nadie ponía en duda la afirmación de Stauffenberg de que Hitler había muerto. La misma imposibilidad de contactar con la «guarida del lobo» era motivo para creerlo.

Lo que más preocupaba a los conjurados era la reacción de las poderosas y fanatizadas SS, así que en seguida su cuartel general fue rodeado por las tropas de Stauffenberg, que cometió la incomprensible torpeza de no tomar las emisoras de radio.

A media tarde se restablecieron las comunicaciones y las radios comenzaron a informar a la población de lo ocurrido, así como de que el Führer estaba ileso.

Sin haber escuchado la radio, el comandante Remer, al frente de un batallón, cercó el Ministerio de Propaganda y se personó en el despacho de Goebbels anunciándole la muerte de Hitler y ordenándole que se entregara. Muy tranquilo, el mago de la propaganda le pasó el auricular del teléfono, mientras decía: «Se equivoca, comandante, Hitler no ha muerto. Compruébelo usted mismo.»

A partir de ese momento todo se desmoronó. Los nazis, que todavía eran muchos, salieron a la calle a exigir venganza y las SS, siguiendo órdenes del propio Hitler, se encargaron de proporcionársela.

Von Stauffenberg, su ayudante, el general Olbricht y otros jefes fueron de inmediato detenidos y fusilados antes del amanecer en el patio de un cuartel berlinés. En los días siguientes los acompañaron a la tumba la casi totalidad de los conjurados.

Todo esto estaba dentro de la lógica de la represión por el intento de asesinar a un jefe de Estado, pero no lo estaba lo que siguió después.

En un discurso pronunciado el 3 de agosto, Himmler, el tristemente famoso jefe de la Gestapo, se sacó de la manga el delito de «complicidad ideológica» por el que se involucraba penalmente en la conjura a los familiares de cuantos hubieran pertenecido a ella.

La sangre que circula por las venas de la familia de un traidor es también sangre traidora, por esto hay que eliminar a cuantos la llevan, decía Himmler, y los SS se encargaban de que así fuera.

Más de siete mil personas fueron detenidas y cinco mil de ellas, ejecutadas.

Aquí terminaría el relato si sólo de Historia se tratara, pero el tema principal es el azar.

¿Por qué no murió Hitler?

Cuando Stauffenberg abandonó el barracón estaba hablando, como hemos dicho, el general Heusinger; separado de él por el general Korten, su ayudante el coronel Brandt, señalaba en el mapa los lugares que su jefe mencionaba para lo que tenía que inclinarse sobre la mesa. Como la cartera con la bomba le molestaba, la sacó de su ubicación inicial, apoyándola sobre la cara externa de la base de la mesa.

Y de inmediato se produjo la explosión.

Brandt y Korten murieron, pero Heusinger y Hitler, que estaba a su izquierda, resultaron prácticamente ilesos.

Al Führer se le despedazaron los pantalones, y quedó en calzoncillos, pero esa ridícula situación no compensó al mundo.

Si Brandt no hubiera cambiado de sitio la cartera...

Si la mesa hubiera tenido simples patas...

Si no hubiera intervenido el (esta vez) maldito azar...

EL DÍA EN QUE NO MURIÓ PERÓN

Juan Domingo Perón, caudillo del Tercer Mundo para unos y vulgar demagogo bananero (o triguero) para otros, es hoy, visto a la distancia de tiempo y espacio, uno más de los tantos déspotas populistas iberoamericanos, especie casi extinguida —sólo queda Fidel Castro—, pero muy en boga a partir de la segunda guerra mundial.

Aunque, como es natural, las características generales de todos los integrantes de la especie eran similares, había entre ellos diferencias de matiz. Unos favorecían descaradamente a Estados Unidos y a las oligarquías nacionales y otros decían luchar contra el imperialismo yanqui y defender a los pobres nacionales.

Aquéllos dejaron tras de sí más ricos a los ricos y éstos dejaron —siguen dejando, en el caso de Fidel Castro— más pobres a los pobres. En cuanto a la lucha antiimperialista, corramos un más tupido que púdico velo.

Perón se contaba entre los antiimperialistas pro pobres. Hay que decir que a éstos sí los favoreció en sus comienzos, para abandonarlos a su suerte después. De todos modos, como nada hizo para modernizar las obsoletas infraestructuras de su país, sentar bases firmes para una futura industria integrada o ni tan siquiera promover el desarrollo agropecuario, sostén de la economía argentina, queda claro que los pobres siguieron siéndolo tras sus dos defenestraciones (la primera debida a los militares, la segunda a Dios).

Durante los primeros años de su gobierno, Perón favoreció abiertamente a la Iglesia, incluso haciendo aprobar una ley que establecía la obligatoriedad de la enseñanza de la religión. Él en persona presidía las principales ceremonias religiosas y el clero, en general, estaba muy contento con su gobierno.

Esta situación se mantuvo sin mayores variantes hasta la muerte de Evita, en 1952. A partir de entonces, Perón no volvió a ser el mismo.

No se deduzca de estas palabras que el «primer descamisado» se recogió en la meditación y el recuerdo de la amada muerta; muy por el contrario, con todo el entusiasmo de un cincuentón, se lanzó al acoso, y en su caso hasta derribo, de las muchachas en flor.

Para ello hizo realidad el sueño de todo cazador: convirtió en coto privado su propia casa, la llamada quinta presidencial de Olivos.

El procedimiento para lograrlo fue relativamente simple y no exento de ingeniosidad. Lo explicaremos en beneficio de déspotas que pudieran estar interesados.

Comenzó a poco de la muerte de Evita disponiendo la creación de una entidad deportiva a la cual debían adherirse obligatoriamente todos los estudiantes secundarios argentinos. Esta entidad, llamada Unión de Estudiantes Secundarios (UES), tendría dos ramas: masculina y femenina. Para los chicos, expropió los terrenos del club de los funcionarios de Correos y Telecomunicaciones (Club Comunicaciones); a las chicas, con galantería quizá nunca igualada en la Historia, les cedió su propia casa (sin dejar de vivir en ella, desde luego).

En realidad sólo pasaba allí los fines de semana, pero qué fines de semana.

Las chicas —así las llamaba él—, con sus bañadores o breves pantaloncitos, se bañaban, jugaban y se fotografiaban con el presidente de la República, quien tenía a bien sentar a algunas de ellas a su propia mesa.

Por lo menos a alguna de ellas no sólo la sentó.

Como la «alguna» en cuestión tenía tan sólo catorce años, el juicio que se le hizo a Perón después de su defenestración fue por estupro.

Como es de imaginar, estos escándalos, que conocía toda la población argentina por relato directo de los miles de chicas que iban a Olivos, no podían agradar a la Iglesia. Hubo muy discretas insinuaciones y con ellas sólo se logró enfurecer al entusiasta deportista.

Una referencia en cierto modo marginal puede ayudar a comprender lo que esos locos fines de semana significaban para Perón.

Por entonces —1954—, tras un intento de huelga, varios centenares de estudiantes universitarios estaban presos sin juicio ni acusación alguna, «a disposición del poder ejecutivo», lo que significaba sin condena pero con cárcel *sine die*. Cuando habían transcurrido varios meses de la inicua detención, el presidente peronista de la Cámara de Diputados —Cámpora, años después presidente de Argentina— intercedió por ellos ante Perón sin obtener el menor resultado. El mismo Cámpora explicitaba ante sus íntimos el motivo de su fracaso: «Es el ministro de Educación el que quiere mantener a los estudiantes en la cárcel y Perón no le niega nada porque es el que le lleva las chicas.»

Es en ese año, y, a nuestro juicio, principalmente por causa de la UES, cuando se produce el distanciamiento entre la Iglesia y Perón. Un distanciamiento que muy pronto se convertiría en persecución por parte de este último.

Claro que no fue la UES sino otra circunstancia la que adujo el «primer deportista» en su primera crítica pública de la Iglesia.

En la tierra en que, según la propaganda del régimen, sólo se negaba libertad para atentar contra la libertad, todo estaba prohibido. No existía un solo diario que se atreviera a criticar al gobierno porque cuantos lo habían hecho habían sido clausurados. *Clarín* y *La Nación*, de Buenos Aires, se mantuvieron en manos privadas, pero silenciados y *(La Nación)* con ediciones de cuatro páginas porque se le negaba el papel. No se podían reunir más de tres personas sin permiso de la autoridad; no se podían hacer huelgas; las calles estaban llenas de espías que se preocupaban por encarcelar al que oyeran expresar la más mínima crítica a Perón o a su entorno.

Por supuesto, en ese paraíso de la libertad nadie podía asociarse fuera de los sindicatos y asociaciones creados y férreamente controlados por el gobierno.

A mediados de 1954 un grupo de profesionales católicos decidió crear una asociación «por libre» y con la inclusión de «católica» en su nombre. Ahí es nada la que se montó.

En una alocución radiada y televisada a todo el país, Perón denunció indignado el hecho, presentándolo como una especie de traición a la patria. Con la profundidad conceptual que lo caracterizaba, dijo que prefería a los radicales, que fabricaban «revoluciones de lechería», antes que a estos «bosta de paloma».

A partir de ese día el gobierno comenzó a tomar medidas destinadas a irritar a la Iglesia y a los católicos. En un abrir y cerrar de ojos, gracias a la mayoría absoluta que los peronistas tenían en ambas cámaras, fue aprobada una ley de divorcio y poco más tarde otra que legalizaba los prostíbulos, aunque, eso sí, supervisados por el Estado para evitar la intervención de chulos. Lo que dio pie a que un diputado radical preguntara si se colocaría la bandera argentina en sus fachadas.

Por otra parte el gobierno dejó bien claro que garantizaba la libertad de cultos pero en el interior de los templos, lo que tuvo dos principales consecuencias: se prohibieron terminantemente todas las manifestaciones religiosas fuera de ellos, incluidas, claro está, las tan tradicionales procesiones, y, peor todavía, se limitó el funcionamiento, primero, y se clausuró, después, a numerosos colegios religiosos.

«Quien quiera religión, que vaya a la iglesia», decían los ideólogos de Perón.

Pronto las calles, por las que no podían circular procesiones, fueron tomadas por grupos de «espontáneos» perfectamente organizados que regalaban a los transeúntes con todo tipo de ingeniosidades. Entre ellas, monigotes de curas y monjas haciendo el amor; horcas en las que se balanceaban curas, etcétera.

Los periódicos más afines al régimen publicaban todos los días «testimonios verídicos» de sacerdotes que confesaban tener decenas de amantes, monjas que se solazaban con horribles aberraciones sexuales, niños agredidos por religiosos y todo el repertorio habitual.

Obispos y sacerdotes denunciaban desde los púlpitos la situación, pero sus voces no se oían más allá de los muros de los templos, en tanto los peronistas tenían a su disposición todas las radios, toda la televisión y casi todos los periódicos para difundir sus detritos.

Los católicos comenzaron por indignarse, para, a continuación, intentar hacerse oír. Era imprescindible actuar porque ya eran muchos los que decían que «Argentina había dejado de ser católica».

En el otoño austral de 1955 la persecución había llegado a extremos insoportables y los católicos decidieron que era llegado el momento de pasar a la acción. En abierto desafío a las nuevas leyes vigentes, se pidió permiso al gobierno para realizar la procesión de Corpus Christi el sábado 11 de junio, partiendo de la catedral de Buenos Aires, como era tradicional.

El gobierno respondió concediendo el permiso... para realizar la procesión en el interior del templo.

Así se hizo, pero en la plaza de Mayo, frente a la catedral, se reunieron más de cien mil personas. Que se limitaron a rezar por su cuenta ya que la policía retiró el improvisado equipo de megafonía que se había instalado en el atrio.

La presión contenida durante tantos meses era excesiva para contentarse con unos pocos rezos, así que se decidió realizar —a falta de procesión— una marcha silenciosa hasta el edificio que alberga las Cámaras de diputados y de senadores, distante aproximadamente un kilómetro de la plaza de Mayo.

Atentamente vigilados por la policía, que no actuó en ningún momento, los más de cien mil católicos recorrieron de un extremo a otro la más española de todas las calles bonaerenses, la avenida de Mayo.

Al llegar frente al llamado palacio de los Dos Congresos, un grupo de jóvenes izó la bandera vaticana en el mástil correspondiente a la Cámara de Diputados, vacío porque era sábado y no había sesión.

Eso fue todo; entonando algunos grupos canciones religiosas y estribillos contra la persecución, la multitud se disolvió tranquilamente, yéndose la mayoría a sus casas y algunos a los bares de la vecindad, a combatir el frío con chocolate o café con leche.

Eso fue lo que ocurrió pero no lo que, a partir de un par de horas más tarde, comenzaron a vociferar televisión y radios, más las ediciones especiales que algunos diarios sacaron a la calle.

Según estas versiones —todas idénticas, inútil decirlo— las hordas católicas habían quemado la bandera argentina que ondeaba en el mástil de la Cámara de Diputados, colocando en ella la del Vaticano, mientras proclamaban a voz en cuello que obedecían al papa y no al gobierno de su patria.

Esto hoy y aquí puede parecer banal pero en la Argentina peronista de 1955 fue, y todos lo entendieron así, una declaración de guerra.

Esa misma horrible noche otras «hordas» comenzaron a aparecer en el centro de Buenos Aires venidos de nadie sabía dónde. Eran hombres y mujeres poseídos de una furia asesina que recorrían las calles en busca de católicos a los que matar, según ellos mismos decían.

No había católicos —ni no católicos— por las calles. Todos los que no formaban parte de las «hordas» se habían escondido en sus casas; en cuanto a sacerdotes, religiosos y religiosas, habían abandonado iglesias y conventos no bien oír los primeros insultos por radio y televisión.

Como suele ocurrir en estos casos, los frustrados asesinos inmediatamente se reconvirtieron en pirómanos.

La catedral y el inmediato edificio de la curia apostólica fueron los primeros objetivos. El espléndido y muy antiguo edificio de la curia se quemó totalmente, no así la catedral porque en ella se permitió entrar a los bomberos. No por su significación religiosa o histórica, sino porque en su interior se halla la tumba del héroe nacional, general San Martín.

La furia de los pirómanos se cebó en seguida en cuantas iglesias se ofrecían a su paso. San Ignacio, Santo Domingo, San Francisco —las tres, monumentos histórico-artísticos—, San Miguel, La Piedad, San Nicolás, San Juan, la Merced y muchas otras ardieron por los cuatro costados sin que nadie moviera un dedo para apagar los fuegos.

Porque hay que decir que, salvo en el mencionado caso de la catedral, ni un bombero, ni un policía o miembro de las fuerzas de seguridad fue visto en las calles durante esa noche dantesca porque, como después se supo, tenían órdenes terminantes de no moverse de sus cuarteles.

A la luz de las hogueras los aterrorizados vecinos contemplaban, tras los visillos de sus ventanas, a hombres y mujeres cubriendo sus cuerpos con vestiduras religiosas, destrozando imágenes sagradas y utilizando cruces, cálices y otros objetos de culto (que después robarían) para más repugnantes que sacrílegas representaciones.

Al día siguiente, domingo 12 de junio, miles y miles de porteños visitaron las ruinas, ahora sí «protegidas» por la policía y se horrorizaron ante ellas, pero quizá mayor que el horror fue la sorpresa. «Esto no puede ocurrir en la Argentina», era frase constantemente repetida.

Pero había ocurrido y había que asumirlo y obrar en consecuencia.

La mayoría de los argentinos, incluidos los peronistas católicos, comprendieron que aquello era un «hasta aquí podíamos llegar»; que Perón se había convertido en un verdadero peligro público y que había que acabar con él.

Se disentía en los medios para lograrlo y especialmente preocupaba el apoyo que las fuerzas armadas y de seguridad le brindaban con férrea unanimidad.

Así pensaba el pueblo, pero se equivocaba en lo de «férrea unanimidad». Gran parte de las fuerzas armadas, tan horrorizadas como él, consideraba que había llegado el momento de retirar a Perón ese apoyo, que hacía ya años le brindaban, sí, pero con crecientes dudas y reticencias.

En especial la marina de guerra creía llegado el momento de acabar con el déspota.

De hecho, desde 1954 existían conversaciones entre oficiales de mediana graduación de los tres ejércitos con vistas a un derrocamiento de Perón, y en ese junio del 1955 lo que antes fueran conversaciones habían alcanzado ya el nivel de plan de operaciones. Pero no estaban todavía todos los que era necesario que estuvieran, así que no se había puesto fecha a la acción, calculándose que no se podría poner en marcha hasta los últimos meses del año.

Entonces llegó la noche del 11 de junio, y lo que después se llamó «la quema de las iglesias» excitó en tal medida el ánimo de muchos de los complotados que decidieron actuar.

No se plantearon un golpe de estado «de palacio» —imposible porque Perón hubiera apelado a sus incondicionales, que eran muchos—, ni un movimiento revolucionario en toda regla porque no tenían medios para ponerlo en marcha ni paciencia para esperarlo.

Decidieron, sencillamente, matar a Perón.

Una vez muerto, y anunciado al pueblo el hecho por todos los medios de comunicación, pequeños grupos de militares, poco más que comandos, se harían con los principales edificios públicos, centrales eléctricas, etc.

Se manejaba la hipótesis de que, desaparecido Perón, sus seguidores no se atreverían a luchar y acatarían de mejor o peor grado el gobierno militar que se impusiese.

Aunque en el intento tomarían parte fuerzas de tierra, el peso de la operación lo llevaría la marina de guerra, y más concretamente la infantería de marina y la aviación naval.

En síntesis, el plan se apoyaba en el hecho por todos conocido de que Perón, no más tarde de las siete de la mañana, se instalaba en su despacho oficial de la Casa Rosada —palacio del gobierno— y en él permanecía hasta mediodía.

La fecha sería el 16 de junio, tan sólo cinco días después de la quema de las iglesias. Desde el amanecer de ese día fuerzas de infantería de marina, que tenían su base en el puerto de Buenos Aires, a pocos centenares de metros de la Casa Rosada, tomarían posición frente a ella y al vecino Ministerio de Ejército, mientras otros grupos ocuparían los estudios de radio y televisión y la central de comunicaciones bonaerense, llamada Central Cuyo. Habría también acciones aisladas en distintas partes de la ciudad, pero todo esto no era más que una gran maniobra de diversión.

Porque la acción principal la llevarían a cabo unos pocos aviones navales, uno de los cuales, a las ocho en punto dejaría caer una bomba de alto poder explosivo exactamente en la vertical del despacho de Perón.

Así de sencillo era el plan y pudo haber tenido éxito ya que al día siguiente todos los diarios del país mostraron la fotografía del despacho presidencial literalmente pulverizado.

Pero no ocurrió así porque el azar decidió intervenir.

Desde la madrugada, con un cielo totalmente cubierto, comenzó a llover. A la hora señalada, las ocho, la lluvia era espesa y la visibilidad totalmente nula, imposibilitando el vuelo de los aviones navales.

Pudo haberse anulado la operación en un primer momento pero no se hizo. Los infantes de marina y los otros grupos operativos se mantuvieron listos para actuar.

Nadie quería dar marcha atrás y ante tal situación los jefes de la marina dieron orden a sus pilotos de atacar en cuanto les fuera posible.

A todo esto, minutos después de las ocho Perón fue urgentemente informado de lo que se planeaba contra él y, más de prisa que corriendo, se refugió en un búnker subterráneo que se había hecho construir en el más profundo sótano del Ministerio de Ejército. Desde tan seguro refugio y utilizando un equipo móvil instalado en unos minutos, convocó a sus descamisados a la plaza de Mayo para que pusieran por él sus cuerpos a las bombas.

Los aviones bombardearon, destruyeron el vacío despacho de Perón y, lo terrible, murieron alrededor de un centenar de los hombres y mujeres concentrados en la plaza.

Al saber que habían fracasado, los aviadores se refugiaron en el vecino Uruguay; los que quedaron fueron detenidos y juzgados y el jefe de la rebelión se suicidó.

Exactamente tres meses más tarde, el 16 de septiembre de 1955, un movimiento cívico-militar acabó con el gobierno de Perón.

Pero no con Perón que, tras confortable exilio en Puerta de Hierro, volvió a Argentina, una vez más como presidente, para iniciar el período más horrendo de la historia de su patria.

Un año después de su llegada murió de muerte natural, pero el horror no se detuvo por ello. Por el contrario, durante años se adueñó de Argentina.

Durante ese lapso de cadáveres sin nombre, crímenes y torturas el azar no se dignó intervenir.

TAMBIÉN EL AZAR MATÓ A KENNEDY

Se ha dicho que el mito, para serlo, debe contar entre sus cualidades, además de con la universalidad, con la permanencia en el tiempo.

Puede que treinta años no sean muchos en la historia de la humanidad pero sí lo son para quienes, circunstancialmente claro está, formamos parte de ella.

Para los que en tal circunstancia nos hallamos, Kennedy, junto con Juan XXIII, los Beatles y, en general, los sesenta, es un mito.

Nos referimos, claro está, a John Fitzgerald, porque Robert, aunque vive en nuestro recuerdo, no ha alcanzado tan singular jerarquía.

«Kennedy», sin nombre propio porque no lo necesita, sí la ha alcanzado. Para certificarlo basta una sencilla prueba: si ha llegado usted a la cincuentena, es seguro que recuerda con claridad lo que estaba haciendo cuando se enteró de su asesinato.

Los que vivimos el apogeo de la juventud en los sesenta admiramos, seguimos y envidiamos a Kennedy.

Lo admiramos porque decía las cosas que siempre habíamos pensado que debían decir los políticos, sin haberlas escuchado nunca de sus demagógicas y banales bocas; lo seguimos porque marcaba un camino de realización personal en libertad a la juventud, y lo envidiamos por ser el marido de Jackie (es de suponer que las mujeres la envidiarían a ella).

¿Se ha dicho que Jacqueline Kennedy fue el *sex-*

symbol de los últimos cincuenta y primeros sesenta? Si no se ha dicho debería decirse porque lo fue sin la menor duda.

Después se casó con Onassis y, junto con muchas otras cosas, también perdió la categoría de *sex-symbol*.

Verdaderamente, aunque no nos diéramos cuenta, fueron magníficos esos años iniciales de la «década maravillosa».

Juan XXIII «aggiornaba» a la Iglesia y confirmaba a los creyentes que Dios lleva al Paraíso y no al Infierno; los Beatles nos guiaban por el camino del amor, y Kennedy, sólo por ser y estar, nos animaba a vivir.

Hablaba en serio: «No preguntes lo que tu país puede hacer por ti, pregúntate lo que tú puedes hacer por él», o se presentaba en broma: «Yo soy el marido de Jackie.» Recorría medio mundo para entrevistarse con Kruschev en Viena y le paraba los pies en Cuba.

Que se sepa, fue el primer presidente de Estados Unidos que habló de derechos humanos y de igualdad para todos. Incluyendo no sólo a los negros de su patria, sino también a los trescientos millones de «morenos» que pueblan las Américas y que siempre habían sido tratados por los «vecinos del norte» con la política del *big stick* o, en el mejor de los casos, de la zanahoria.

Kennedy decía que iba a hacer cosas grandes que nadie había hecho antes, y las hacía. Pero había más: se divertía haciéndolas.

Seguramente dándose perfecta cuenta, pero haciéndonos creer a todos que no se daba, estaba empezando a cambiar el mundo. A cambiar las mentes, que son las únicas que pueden cambiarlo.

El cambio no consistía en ver blanco lo que antes veíamos negro, sino en algo muy superior. En convencernos de que, si queríamos, podíamos. Ahí es nada.

Si lograba convencernos de tantas y tan importantes cosas a los jóvenes que vivíamos a muchos miles de kilómetros de las fronteras de Estados Unidos, es seguro —los «a posteriori» lo han demostrado— que también convenció a los jóvenes y no tan jóvenes de su patria.

Y esto era muchísimo más de lo que los excrementos antropomorfos podían tolerar.

Kennedy tenía que morir y murió.

Con su muerte, y la de Juan XXIII unos meses antes, comenzaron a morir también, en tan temprana fecha, los fabulosos sesenta. Que morirían definitivamente, como es sabido, en París, en mayo del 1968.

Los Beatles se sobrevivieron a sí mismos hasta el inicio de los setenta, pero sólo para cantar a la nostalgia.

Cuando se cumplen treinta años de su inicuo asesinato seguimos ignorando quién mató a Kennedy y casi seguramente moriremos sin saberlo. Tenemos sospechas bastante fundadas, seguimos con ansiedad el trabajo de investigadores y fiscales, creemos a quienes prometen revelaciones sensacionales, pero nos quedamos siempre sin más certidumbres que nuestras propias sospechas.

Queremos que se esclarezca el crimen y deseamos que, si están vivos, sean castigados sus autores materiales y quienes los instigaron, pero no nos hacemos demasiadas ilusiones. «¿Quién mató al comendador?» «Fuenteovejuna, señor.»

Seguramente no fue toda «Fuenteovejuna», pero fueron muchos. Demasiados en número y en calidad para que los alcance el no tan largo, fatigado y, a veces, hasta artrósico brazo de la ley.

En cuanto al hecho mismo del asesinato, conocemos, por haberlos leído y hasta visto, los más mínimos detalles de las horas que lo precedieron y continuaron.

Sabemos que el viernes 23 de noviembre de 1963 Dallas amaneció con sus paredes cubiertas con carteles en los que se insultaba al presidente y que se singularizaban por estar bordeados por una orla negra; que una emisora de radio había emitido esa mañana un programa especial sobre el asesinato de Lincoln, y que Hoover, el del FBI, odiaba a los Kennedy. También lo odiaban los mafiosos, los racistas, los comunistas, los fascistas, los castristas, los anticastristas y muchos colectivos más.

Tantos eran los que lo odiaban que cuesta creer que lo quisiera alguien.

Pero volvamos al fatídico día.

También sabemos que el presidente viajaba, junto con su esposa, en el asiento trasero de un largo Lincoln SS azul, enfrentados ambos al gobernador de Texas, Conally, y a su esposa, que ocupaban las banquetas, y que el coche recorrió calles en las que grandes pancartas exigían *Yanky go home* y decenas de hombres de torvos rostros agitaban banderas sudistas.

No ignoramos que el vehículo presidencial llegó al centro de la ciudad por Main Street, para luego tomar Houston Street, y que cuando se disponía a virar por Elm Street, varios disparos, presuntamente efectuados desde un edificio público, acabaron con la vida de Kennedy, aunque su muerte «legal» se produjera una hora más tarde.

Kennedy había logrado convencernos de que «si queríamos, podíamos» porque él nos daba el ejemplo. Decía que iba a hacer cosas difíciles, aparentemente imposibles, y las hacía.

Había prometido luchar contra las desigualdades sociales, contra la marginación, contra la pobreza y contra los privilegios en su patria, y los jóvenes de todo Occidente —y muchísimos de «Oriente»— hacían suyos esos ideales y se prometían luchar por ellos en sus propios países.

Las ideas de Kennedy no propiciaban circunstanciales revoluciones a lo Che Guevara, que sólo sirven para que mueran unos cuantos idealistas y, con iguales o diferentes rostros, los déspotas lo sigan siendo. Él pretendía transformar la conciencia de la sociedad para que el concepto de igualdad entre todos los seres humanos fuera una exigencia interior de cada uno, y así, entre todos, realizar la gran transformación. La verdadera, única y definitiva revolución.

Era mucho pretender y mucho afectar poderosos intereses. Desde los blancos racistas hasta los negros racistas, pasando por tiranos bananeros, comunistas del KGB y toda la siniestra corte de los milagros que en el mundo ha sido, es y será, todos habían decretado el *Delenda est Kennedy.*

Tenía que morir y murió. Así de sencillo.

Bien, pero ¿dónde entra el azar?

El techo del coche que no tenía techo.

El Mercury presidencial estaba preparado para recibir un falso techo de plástico transparente —del tipo «papamóvil»—, que permitía la comunicación del pueblo con su presidente pero protegía a éste de posibles atentados. En Estados Unidos se le llamaba *bubble top*; algo así como «techo burbuja».

En Texas, incluso en noviembre, puede hacer calor. Aquel fatídico día 23 la temperatura era elevada y a Kennedy le gustaba el aire libre.

A pesar de las objeciones de los agentes del Servicio Secreto que lo custodiaban, ordenó que se quitara el *bubble top*.

¿Por qué, siendo noviembre, ese día tuvo que hacer calor en Dallas?

Maldito azar.

Despidamos el recuerdo de Kennedy, de los fabulosos sesenta y de nuestra juventud con las palabras apropiadas:

«*It was such an easy game to play... Yesterday...*»

Dejémoslo así.

AZAR, FÚTBOL Y GUERRA

La problemática sociopolítica de América Central es turbia y compleja. Desde los tiempos de Bolívar, poderosos grupos locales y extranjeros lucharon —con éxito— contra quienes anteponían el interés general al particular.

Bolívar tuvo una visión global de América. Repetía constantemente que el continente debía unirse en una gran federación para evitar ser «devorado» por las grandes potencias.

No se le hizo caso y fue devorado por las grandes potencias.

Culpa de éstas, naturalmente, pero también de los ya citados «grupos locales». Las comúnmente llamadas oligarquías, propietarias de la tierra y, en general, dependientes de las grandes multinacionales cuando no de los grandes gobiernos.

Países con enormes territorios, y por tanto económicamente más poderosos —Brasil, Argentina, México—, pudieron, mejor o peor, mantener un aceptable equilibrio dependencia —independencia, aunque sin poder tampoco ellos desligar totalmente sus economías de la «supervisión» de la gran potencia de turno, que en América del Sur antes se llamó Inglaterra, y desde el final de la segunda guerra mundial se llama Estados Unidos.

En cuanto a México, Centroamérica y el Caribe, siempre se llamó Estados Unidos.

Pero hay que reconocer que desde principios del siglo XX, con Teodoro Roosevelt y su política —más de una vez aplicada— del «garrote largo», y una Inglaterra arrogante, a la que había que ir a pedir igual tratamiento comercial que el que concedía a sus colonias, hasta nuestros días, se ha recorrido un largo camino.

En el hoy más inmediato, Estados Unidos ha llegado al extremo, inconcebible hasta el más inmediato ayer, de promover la formación de una comunidad económica con Canadá y México que significará para este último país su ingreso oficial y con todos los honores en el «primer mundo».

Tan auspiciosa circunstancia no ha llegado aún para los países de América Central. Despectivamente llamados «repúblicas bananeras», han sido y siguen siendo víctimas de sus oligarquías locales y de la omnipresencia norteamericana.

Con la excepción, hay que decirlo, de Costa Rica que, gracias en especial a un hombre, José Figueres, supo construirse sin ayuda exterior un camino idóneo hacia la independencia.

Nicaragua tuvo a Sandino, «general de hombres libres», como gustaba llamarse, que se alzó contra la dominación imperialista, pero acabó asesinado por el tristemente célebre Somoza.

Después de él vinieron los llamados «sandinistas», de cuyas «proezas» intenta con inmenso esfuerzo recuperarse el sufrido pueblo nicaragüense.

Honduras es uno de los países del área que, con 112 000 kilómetros cuadrados, puede considerarse grande; especialmente si se lo compara con uno de sus vecinos, El Salvador, que sólo tiene 21 000.

Aunque con rentas per cápita bajas y no muy diferenciadas, en los años cincuenta Honduras ofrecía mejores posibilidades económicas que su vecino, motivo por el cual a lo largo de la década hasta 300 000 salvadoreños cruzaron la frontera, generalmente de forma ilegal.

Las tierras fronterizas no estaban trabajadas y muy pocas tenían dueño, así que los recién llegados se aposentaron en ellas y comenzaron a cultivarlas.

Durante varios años no tuvieron mayores problemas, pero en 1962, Honduras promulgó una ley de reforma agraria en cuyos beneficios los salvadoreños, por ser considerados inmigrantes ilegales —lo eran—, no fueron tenidos en cuenta; por tanto, las tierras que ocupaban serían adjudicadas a naturales del país.

De todos modos la situación se mantuvo sin variaciones hasta 1969, año en que las autoridades de Tegucigalpa decidieron poner en práctica la ley del 1962 y, en consecuencia, comenzaron a desalojar a los ocupantes ilegales.

Alrededor de 15 000 salvadoreños desahuciados regresaron a su patria y declararon haber sido objeto de vejaciones, de las que según ellos también se hacía víctima a los compatriotas que habían quedado en Honduras.

Como es de imaginar, estos relatos generaron un fuerte sentimiento antihondureño en El Salvador.

Para complicar todavía más las cosas, se estaba jugando un minicampeonato de fútbol entre los equipos nacionales de los dos países y los resultados eran parejos hasta que llegó el último minuto del último partido.

Fue en tan decisivo instante cuando el azar decidió intervenir.

Un gol *in extremis* dio la victoria al presuntamente más débil equipo de El Salvador.

La inmediata reacción de los compatriotas de los jugadores perdedores fue provocar y atacar a los inmigrantes salvadoreños que aún permanecían en territorio de Honduras, generando la previsible reacción en la patria de los afectados.

Ambos países denunciaron a la Organización de Estados Americanos haber sido agredidos por el vecino, pero mientras la OEA investigaba, El Salvador inició la guerra por su cuenta.

Y no de discreta manera. Su aviación bombardeó intensamente todos los aeropuertos de Honduras mientras el ejército penetraba en su territorio.

Aunque repeliendo la agresión, el ejército de Honduras mantuvo una actitud defensiva sin responder a los ataques aéreos ni pretender la reconquista del territorio ocupado.

La que desde su inicio fue llamada «guerra del fútbol» duró tan sólo cuatro días —del 14 al 18 de julio de 1969— pero dejó tras de sí más de dos mil cadáveres y miles de hectáreas de tierras de cultivo arrasadas.

Ante la severa exigencia de la OEA y la presión internacional, El Salvador accedió a retirar sus tropas de Honduras el 29 del mismo mes de julio, aunque habría que esperar hasta 1976 para que se alcanzara definitivamente la paz.

Durante esos siete años de negociaciones y desavenencias la economía salvadoreña quedó severamente afectada por negarse a comerciar Honduras, Nicaragua y Costa Rica con quien consideraban país agresor.

A través de ocho o diez mil años de historia conocida, los seres humanos hemos peleado entre nosotros —todas las guerras humanas son guerras civiles— por casi todas las causas divinas o propiamente terrestres que imaginarse pueda. Ha habido guerras por la sal, por el opio, por el caucho, por novias, por esposas, por hermanos, por capas y por un casi interminable etcétera, pero nunca la había habido por el fútbol.

A El Salvador y Honduras les corresponde el mérito o demérito de haber incluido la guerra por el fútbol en el esperemos que interminable libro de la humanidad.

Y el azar, que en el último minuto tuvo que marcar un gol.

APÉNDICE

Aun teniendo muy presente que el título de este libro es *El azar y la Historia*, incluido en una colección llamada Memoria de la Historia, hemos considerado pertinente reseñar una selección de descubrimientos debidos al azar, que sin duda se hallan fuera de los límites que interpretaciones a nuestro juicio demasiado restrictivas imponen a la Historia.

Nos explicamos. Si una minúscula escaramuza perdida en el tiempo y que apenas significó algo para quienes directamente participaron en ella pertenece por derecho propio a la Historia, ¿cómo negarle lugar en dicha ciencia al descubrimiento de las propiedades bactericidas del moho llamado *penicillium*, que significó un avance trascendente en la salud de toda la humanidad?

Nos permitimos creer que ese hecho, que en la jerga popular llamamos histórico, lo es sin más. Forma parte de la Historia. Por tanto, creemos perfectamente lógico y justificado incluirlo en este libro, junto con una selección de otros descubrimientos debidos a la casualidad y que, en mayor o menor medida, también son históricos.

La vacunación

Edward Jenner nació en 1749 en Berkeley, Inglaterra, hijo de un religioso protestante que murió cuando el niño tenía cinco años. Criado en el campo y con un amor por la naturaleza que no le abandonaría durante toda su larga vida, Jenner, a la temprana edad de trece años, comenzó el aprendizaje médico como ayudante de un cirujano de su pueblo.

Eran los años del despertar de la medicina, cuando la universidad y el hospital comenzaban a desplazar al empirismo práctico como fuentes principales de conocimientos de los futuros médicos.

A los veintiún años, Jenner se trasladó a Londres para completar su formación, teniendo como maestro a uno de los mejores cirujanos de la ciudad, John Hunter. De él recibiría constantes enseñanzas, a lo largo de una amistad que sólo acabaría con la muerte del maestro.

Quizá la mejor de esas enseñanzas fue una simple frase: «No te quedes en la simple especulación mental, experimenta.»

Con veinticuatro años de edad, y considerando —él y su maestro— que ya poseía suficientes conocimientos, regresó a su tierra natal para dedicarse al ejercicio privado de la profesión.

Por su valía profesional, pero también por su simpatía e innata bondad, pronto se hizo popular entre sus vecinos, convirtiéndose en el médico más solicitado del condado.

Su total disposición para con los enfermos no le impedía estudiar los hábitos de vida de los cuclillos, divulgar conocimientos básicos de medicina entre la población y tocar el violín en un conjunto de aficionados.

Por aquellos tiempos, la viruela era la principal causa de muerte en Europa, y una de las periódicas epidemias de la terrible enfermedad actualizó en Jenner el imperioso deseo de poner en práctica algo que rondaba en su cabeza desde la adolescencia.

Cuando todavía era ayudante del cirujano de su pueblo una vaquera le había dicho que ella nunca podría tener la viruela porque había tenido la vaccinia, una forma leve de la enfermedad que afectaba a los ordeñadores, presentando una sintomatología de fiebre moderada y, especialmente, vesículas o ampollas en las manos.

Forzado por la impotencia al ver morir a sus pacientes sin poder hacer nada por ellos, Jenner se decidió a seguir por el único camino que tenía ante sí.

Comenzó por hacer una rápida encuesta entre los ordeñadores de la región, comprobando lo que aquella vaquera le había dicho: los que habían padecido la vaccinia —un elevadísimo porcentaje de los encuestados— no habían sido afectados por la viruela.

Sin más dilaciones y haciendo algo que hoy le estaría vedado —experimentar con un ser humano—, en mayo de 1796 inoculó a un niño con sustancia extraída de una vesícula de Sarah Nelmes, ordeñadora afectada por la vaccinia. El niño, cuyo nombre era James Phipps, de inmediato contrajo la vaccinia.

Un par de meses más tarde, Jenner volvió a inocularlo, esta vez con sustancia de viruela. El niño no desarrolló la enfermedad.

Gracias al casual comentario de una humilde ordeñadora, la vacunación acababa de ser inventada.

El que esto escribe fue reiteradamente vacunado contra la viruela y, a su tiempo, se encargó de aplicarla, siempre bajo admonitorios carteles que rezaban: «La viruela existe por culpa de los que no se vacunan.»

Hoy, gracias a la Organización Mundial de la Salud, a múltiples campañas sectoriales de vacunación y, muy en especial, gracias a Edward Jenner y a su ordeñadora, la viruela ya no existe en el planeta Tierra.

La radiografía

Los «juegos eléctricos» comenzaron en el siglo XVIII. Pionero de ellos fue, entre otros, el abate francés Nollet, quien hacía pasar una descarga eléctrica por un recipiente ovoide de vidrio al que previamente había efectuado el vacío mediante una máquina neumática. La chispa que sin el vacío previo se hubiera producido se convertía en un resplandor con varios colores que asombraba a los espectadores.

Con el correr de las décadas, y bien entrado el siglo XIX, aquel juguete de Nollet se había convertido en la seria «ampolla de Crookes», un tubo de vidrio herméticamente cerrado, excepto dos aberturas en los extremos por los que entraban en él un cátodo y un ánodo, ambos unidos a sendos terminales de una bobina de inducción. Provocando el vacío en el interior de la ampolla y activando el conjunto, se generaba una luminosidad que Crookes llamó rayos catódicos porque tenían su inicio en el cátodo.

Wilfred Röntgen, nacido en Prusia en 1845, había estudiado en Utrecht y posteriormente en Zurich. Después de haber intentado sin éxito ser admitido como profesor de Wurzburg, ingresó en la cátedra de física en la Universidad de Munich.

Röntgen investigaba sobre el paso de corrientes eléctricas a través de tubos que contenían gases a baja presión. Por aquellos años, la electricidad seguía siendo la grande y misteriosa novedad, y se buscaba afanosamente la clave que permitiera descifrar su secreto.

Algo que, en forma total y definitiva, todavía no se ha conseguido hoy.

Con sorpresa, Röntgen descubrió que el platinocianuro de bario, una de tantas sustancias con las que experimentaba, brillaba y hasta emitía cierta fluorescencia cuando se hallaba próximo al tubo.

El investigador recubre totalmente el tubo con cartón negro, interpone entre él y la sustancia sensible cuerpos opacos y de creciente grosor, pero sólo para comprobar que los rayos emitidos por el tubo los atraviesan y siguen produciendo iluminación y fluorescencia en el platinocianuro de bario.

Sin tener la más mínima idea de lo que está a punto de descubrir, y por supuesto sin buscar una aplicación médica al fenómeno, Röntgen coloca placas fotográficas que, como esperaba, quedan impresionadas.

Entonces interviene el azar, que hará dar a la medicina un salto de gigante.

Durante el curso de uno de los experimentos con

placas fotográficas, y por pura casualidad, una de las manos de Röntgen queda por unos instantes entre el tubo y la placa.

Con el estupor que es de imaginar, ve que ha quedado impresionada en ella, pero no su mano visible, sino los huesos que la conforman.

El 22 de noviembre de 1895 realiza su primera radiografía «oficial». También es una mano lo que se verá en ella, pero no la suya sino la de su amada esposa, Berta Ludwig, a quien de tan singular manera hizo entrar también en la historia de la medicina.

La importancia que el mundo científico dio de inmediato a la radiología quedó patentizada al serle concedido a Röntgen el primer Premio Nobel de Física, en 1901.

Quinina

La malaria (de «mal aire») ha sido, a través de los siglos, una de las enfermedades que más muertes ha ocasionado a la humanidad. Todavía hoy es un mal temible, aunque la recuperación de ciénagas y el uso masivo de insecticidas de alta eficacia lo hayan arrinconado en lo más profundo de las selvas.

Aunque sólo desde la segunda guerra mundial, a causa de la lucha en las contaminadas tierras del sudeste asiático y las islas del Pacífico, se han desarrollado técnicas idóneas para su erradicación, el remedio más eficaz contra la malaria se conoce desde hace siglos.

No cabe duda alguna de que fueron los indios americanos quienes instruyeron a los españoles sobre las virtudes curativas de la corteza del árbol que ellos llamaban quina-quina; los colonizadores trajeron a España cantidades de dicha corteza, y así se extendió su uso por Europa y el resto del mundo.

Sobre lo que no hay conocimiento cierto es sobre cuándo y en qué circunstancias los indios reconocieron por vez primera la efectividad de la corteza de quina-quina para el control de la malaria.

Por no haber criterio definitivo al respecto, tenemos derecho a creer que el origen de dicho trascendental descubrimiento científico se debió a la casualidad más absoluta, según relata una antiquísima historia, por otra parte creída a pie juntillas en América del Sur.

Abrasado por la malaria, un indio casi se arrastraba por las selvas que cubren las laderas interiores de la cordillera de los Andes. Quería llegar hasta su pueblo para morir en él, pero las fuerzas le abandonaban a cada trabajoso paso que lograba dar.

De buena gana se hubiera dejado caer en cualquier parte a esperar la muerte, pero su religión lo obligaba a emplear hasta su último aliento en el esfuerzo de intentar llegar hasta su casa, único lugar, junto con el campo de batalla, en el que un guerrero podía morir con dignidad.

Desfallecía, quizá definitivamente, cuando el descenso de unos pájaros le hizo pensar que cerca de él podía haber agua. Ansiando beber aún más que descansar, se arrastró como mejor pudo para descubrir, un par de cientos de metros más adelante, un espejo de agua entre la densa vegetación.

Agradeciendo mentalmente a los dioses que le permitían saciar su sed antes de morir, abrió sus fauces a las dormidas aguas.

No bien hubo entrado en su boca el primer sorbo, un particular gusto, entre ácido y amargo, le hizo saber que el líquido estaba contaminado con la corteza de los quina-quina que rodeaban las orillas; creía, como todos sus hermanos de raza, que el árbol era venenoso, pero, seguro de que estaba condenado a morir, prefería hacerlo sin sufrir además, el terrible tormento de la sed. Y siguió bebiendo.

Cuando estuvo satisfecho se dejó vencer por el sueño, sin tiempo de pensar que podía ser la inmediata antesala de la muerte. Mientras estuvo dormido, terribles imágenes de monstruos y humanos sacrificios llenaron su mente, hasta que fueron sustituidas por una barca que navegaba plácidamente por el lago que bordeaba su pueblo.

Despertó con una sensación de bienestar que, una vez bien despierto y para su gran sorpresa, no le abandonó. Al punto comprendió que, por los motivos que fueran, la fiebre había desaparecido.

En tan sólo dos horas de alegre marcha llegó a su pueblo y contó a los ancianos y al chamán su milagrosa recuperación. Una comitiva de notables fue hasta la charca y llevó al pueblo el agua, que sirvió para curar a todos los enfermos de malaria.

Tras un obligado período de creencia en la milagrosidad de las aguas, los ancianos dictaminaron que eran los quina-quina los que curaban.

Así —o de alguna similar manera— nació la quinina.

VULCANIZACIÓN

Goodyear es un apellido que ningún poseedor de vehículo de tracción mecánica puede desconocer. Y el señor Goodyear merece que se le conozca y recuerde hoy y por muchos años.

Como en el caso de la quinina, también fueron los indios americanos los primeros en utilizar el caucho, y para lo mismo que miles y miles de seres humanos lo siguen usando hoy: jugar al fútbol. O al balonmano, el detalle no tiene importancia.

Lo cierto es que los primeros colonizadores se sorprendieron viendo a los aborígenes jugar con un balón construido con una sustancia sumamente plástica. Pronto supieron que la llamaban hevea y la extraían de un árbol muy abundante en determinadas zonas de la Amazonia. Oportunamente, el árbol fue científicamente bautizado como *hevea brasiliensis*.

En otra de sus capitales aportaciones al progreso de la humanidad —no sólo oro y plata traían de América— los españoles importaron hevea, o látex, al Viejo Continente. Que, hay que confesarlo, no supo qué hacer con él.

Excepto un científico inglés que en uno de sus días de descanso —suponemos— descubrió que el látex servía para borrar lo escrito con lápiz. Otra intervención del azar, aunque menor.

Por tal descubrimiento, en los países de habla inglesa se conoce al caucho con el aparentemente poco lógico término de *rubber* (borrador).

En tanto la mayoría de los europeos eran felices borrando con caucho, una minoría ilustrada intentaba hallar mejores utilizaciones para el esquivo producto.

Se le descubrió muy pronto la particularidad de no permitir el paso del agua y otros líquidos (impermeabilización), pero no se pudo aprovechar tan importante cualidad para confeccionar prendas de vestir o botas para el agua ya que el caucho se volvía rígido y frágil con el frío y blando e informe con el calor.

Pasaron los siglos XVII y XVIII, llegó el XIX y todavía no se había encontrado la forma de hacer utilizable el caucho.

No sólo en Europa, también en los nacientes Estados Unidos de América se preocupaban por el problema. Especialmente un hombre se había tomado el asunto como un desafío personal. Era Charles Goodyear.

Nacido en 1800, en Connecticut, trabajó en la empresa de su padre hasta que ésta quebró, en 1830. Desde su primera juventud se había sentido fascinado por el problema del caucho, al que veía como una sustancia capaz de hacer cosas más útiles para la humanidad que borrar errores.

Sin empresa y sin dinero, no pensó en asegurarse un sueldo que le permitiera mantener a su depauperada familia, sino, por el contrario, consagró todo su tiempo y energías a la materialización de su sueño.

Supo que otro estudioso del caucho, Nathaniel Hayward, había descubierto que adicionando azufre el caucho éste perdía viscosidad, y se unió a él, trabajando ambos en común durante algunos años; finalmente, y por unos pocos dólares, reunidos a costa de sacrificios familiares y cárcel por deudas, el irreductible Goodyear le compró el invento y siguió solo.

En 1839, cuando llevaba nueve años de penurias y estrecheces, llegó el azar.

Trabajaba, como siempre, con su caucho adicionado con azufre, cuando un trozo de sustancia cayó sobre la superficie muy caliente de su cocina. Con desconfianza primero, excitación muy pronto y éxtasis finalmente pudo comprobar que el caucho no se fundía, manteniendo su forma original y quemándose con lentitud comparable a la del cuero.

Después de resistir trescientos años, y en el mismo continente del que era originario, el caucho había sido vencido. Ahora sí podría empezar a ser realmente útil.

Con la euforia que es de imaginar, el feliz descubridor rindió homenaje al dios del fuego, Vulcano, llamando a su proceso vulcanización, y corrió a la oficina de patentes más próxima a su domicilio.

Sólo en 1844 se le reconocieron sus indiscutibles derechos, pero lejos estuvo de poder disfrutar en paz de los beneficios de su invento. Era tan fácil adicionar azufre al caucho y poner a calentar la mezcla, que no había listillo que no lo hiciera. El pobre Goodyear corría de juzgado en juzgado.

En 1852 llegó a Inglaterra, porque algunos de los productos fabricados bajo su patente habían despertado interés en la Exposición Internacional de 1851. Tenía la intención de instalar una fábrica, pero no consiguió los apoyos imprescindibles.

Sí pudo instalarse en Francia, pero sin otro resultado que acabar en una cárcel parisina, condenado por deudas.

Triste, pero no vencido, regresó a su patria, donde siguió luchando hasta el final de su vida contra argucias legales que siempre terminaban por derrotarle.

El inventor del sistema que permitió y sigue permitiendo moverse al mundo murió en Nueva York, en 1860, dejando a sus familiares 200 000 dólares... de deudas.

Louis-Jacques Daguerre, nacido cerca de París en el año de la toma de la Bastilla, era un hombre muy activo. Estudió disciplinas tan dispares como pintura y física, no estando su primer trabajo relacionado con ninguna de ellas, ya que fue recaudador de impuestos.

No era esta función la más indicada para su artístico e inquieto espíritu, así que, tras pintar operísticas escenografías, presentó en la capital de Francia un espectáculo visual que llamó *Diorama*. Eran series de pinturas que, gracias a oportunos cambios de luz, parecían estar dotadas de movimiento.

Utilizando la clásica «cámara oscura» —«inventada», como tantas otras cosas, por Leonardo de Vinci—, pero adicionándole una fina capa de asfalto, otro francés, Niepce, había logrado, en 1822, fijar por primera vez la imagen; es decir, había obtenido la primera fotografía de la Historia.

Entre tantas otras cosas que ocupaban su mente, Daguerre se había fijado como objetivo primordial encontrar la manera de fijar la imagen. Tuvo conocimiento del gran logro de Niepce, pero también de que el proceso de fijación según su método llevaba entre ocho y diez horas. De todos modos, contactó con el fotógrafo y ambos decidieron proseguir juntos las investigaciones.

El trabajo en común comenzó en 1829 y terminó abruptamente cuatro años más tarde, a causa de la muerte de Niepce.

Lamentando la muerte de su colega, y teniendo el gesto de asegurar contractualmente a sus herederos una parte de las ganancias que pudieran obtenerse con sus investigaciones, Daguerre continuó solo su búsqueda.

Buscando el fijador ideal, trabajaba con placas de cobre a las que daba un baño de plata y exponía a la acción de vapores de yodo, con lo que obtenía una cubierta de yoduro de plata para las placas.

Quince años de fatigosas y nunca exitosas pruebas, lo habían llevado al convencimiento de que ésa era la combinación efectiva, pero con ella no lograba más que imágenes débiles, sin el menor valor artístico o comercial.

Generalmente, las placas débilmente impresionadas las lavaba y las volvía a utilizar, pero una de ellas, por olvido, la guardó sin lavar en un armario, en el que esperaba pacientemente el azar.

Algún tiempo más tarde, por pura casualidad, Daguerre vio la placa en el armario y «cuál no sería su sorpresa», como suele decirse, al ver sobre su superficie una nítida imagen.

Tras la emoción inicial, el investigador dedujo que el «milagro» se debía a alguna de las varias sustancias químicas que guardaba en el armario, así que durante los siguientes días colocó en él una placa impresionada y retiró una sustancia diferente cada día.

Mas el misterio, en lugar de desvelarse, alcanzó su clímax cuando Daguerre comprobó que, habiendo quitado todas las sustancias, la placa de turno seguía mostrando una nítida imagen.

Frenético, se lanzó a hacer lo único que le quedaba: Escudriñar hasta el último rincón del vacío y misterioso armario.

Y su búsqueda no fue estéril. Pronto descubrió en el ángulo interno de un estante gotas de mercurio provenientes de un termómetro roto mucho tiempo antes.

El azar había resuelto el problema: vapores de mercurio era lo que hacía falta para fijar adecuadamente la imagen.

Ahora sí podía empezar la era de la fotografía, como arte y como industria.

En el mismo año del trascendental descubrimiento, 1839, el eminente astrónomo y físico François Arago lo anunció oficialmente en la Academia de Ciencias de París. El gobierno francés nombró a Daguerre caballero de la Legión de Honor y le dotó, así como a los herederos de Niepce, con una pensión de por vida.

Después del baño de Arquímedes y la manzana de Newton, hechos que, por ser más que suficientemente conocidos no hemos incluido en esta reseña, puede que la casualidad más publicitada sea la que llevó al insigne doctor Fleming a descubrir las propiedades bactericidas del moho *Penicillium*.

Alexander Fleming nació en 1881, en un perdido villorrio escocés. Huérfano de padre desde niño, tenía que caminar kilómetros para llegar hasta la escuela más cercana. A los quince años fue a Londres con su hermano mayor; ambos tenían la intención de estudiar, pero su pobreza los obligó a trabajar y no precisamente en las mejores condiciones.

Sin embargo, una inesperada herencia cambió la suerte del joven Alexander —y de millones de seres humanos— al permitirle convertir en realidad el sueño de su vida: ser médico.

No podía pensar en Oxford o en Cambridge, así que se decidió por Saint Mary, una escuela modesta de medicina anexada al hospital del mismo nombre.

El motivo de la elección no deja de ser gracioso. Fleming era un entusiasta deportista y, en ocasiones, se había enfrentado al equipo de waterpolo del Saint Mary, que le había impresionado muy bien, por lo que dedujo que buena sería también la enseñanza.

La intención del joven estudiante era dedicarse a la cirugía una vez graduado, pero el ofrecimiento de una ayudantía en la cátedra de bacteriología que le hiciera su titular, el profesor Almoth Wright, decidió su destino.

Desde los primeros años como ayudante, Fleming concentró sus esfuerzos en la búsqueda de bactericidas que no lesionaran los leucocitos, los grandes defensores del organismo.

Durante la primera guerra mundial ejerció su profesión en los campos de batalla franceses. Su impotencia al tener que utilizar antisépticos que mejor destruían defensas orgánicas que mataban bacterias, lo convenció de la necesidad imperiosa de seguir investigando.

Acabada la guerra, y de regreso a su laboratorio, pronto el azar le mostró por vez primera su cara amable.

Por afán de investigador, decidió aprovechar un fuerte constipado que padecía para analizar sus propias secreciones nasales; mientras preparaba con ellas el correspondiente cultivo, una lágrima debida al constipado cayó sobre él.

Al día siguiente, al observar el preparado, vio con sorpresa un espacio libre de bacterias. Pronto la sorpresa se convirtió en frenética actividad al recordar que era en ese preciso lugar donde había caído la lágrima.

Fruto de sus inmediatas investigaciones fue el descubrimiento de una enzima bactericida contenida en las lágrimas, y a la que llamó lisozima.

Pero fue unos años más tarde, en 1928, cuando el azar hizo su visita magna al modernísimo laboratorio de Saint Mary.

Por entonces Fleming estaba absorbido en investigaciones sobre la gripe, que diez años antes había producido la más terrible mortandad europea del siglo XX no debida a guerras.

Tenía ante sí varios cultivos, y estaba trabajando en uno de ellos cuando el vecino atrajo su atención. Bajo la tapa de cristal se veía una inexplicable zona clara.

Siendo evidente que un factor desconocido estaba destruyendo las bacterias, el investigador se dispuso a identificarlo.

No le fue difícil. Al primer análisis de la zona detectó la presencia de un moho, que habría caído en el cultivo cuando el recipiente estaba destapado. El paso siguiente fue aún más fácil: unas pocas y rutinarias reacciones le bastaron para conocer su género, el *Penicillium notatum*.

Fleming decidió llamarlo *penicillin*. Penicilina para nosotros.

Contra lo que algunos han dicho, en seguida el investigador fue consciente de la importancia de su descubrimiento. Sabía desde el primer momento que era altamente eficaz contra los estafilococos, ya que los había destruido ante sus ojos, y hasta un profano hubiera podido medir la trascendencia de tal hecho. Si Fleming no llegó hasta las últimas posibilidades fue porque no pudo lograr las altas concentraciones de penicilina que necesitaba, a causa de la precariedad de sus medios.

A finales de la década de los treinta dos investigadores de Oxford, Howard Florey y Ernst Chain, continuaron los trabajos de Fleming; gracias a los medios puestos a su disposición por la universidad, pudieron llevarlos a feliz término.

Pero ni los más sofisticados ordenadores de la Universidad de Oxford serían capaces de decir cuántos millones de vidas se han salvado gracias a la inteligencia de Alexander Fleming y al azar que decidió visitar su tan modesto laboratorio.

El azar y la arqueología

Pareciera que el azar siente una especial predilección por las viejas piedras. Numerosísimos descubrimientos a él se han debido. En general, gracias a la curiosidad o el cansancio de pastores que no han resistido la tentación de atravesar la entrada de una caverna, pero también los campesinos y hasta los militares han sido instrumentos del azar.

No fue la casualidad la que llevó a Schliemann hasta las ruinas de Troya, pero sí quien guió la mano de los que, cavando un pozo, dieron con Herculano.

Brevemente veremos los casos más importantes.

La Piedra Rosetta

En 1799, Napoleón conquista Egipto y sus soldados construyen fuertes o mejoran los existentes, preparándose para una estancia que fue mucho más breve de lo que el futuro emperador imaginaba.

Unos cuantos de estos soldados demolían unas ruinas para despejar el terreno donde se levantaría una de dichas fortalezas, cuando vieron que en una pared destacaba una piedra cubierta por extrañas inscripciones.

Otros hubieran continuado su trabajo sin dar a esa piedra más valor que a las otras que estaban picando, pero éstos prefirieron llamar a su jefe, el teniente Pierre-François Bouchard (O Boussard), quien de inmediato ordenó que la separaran con sumo cuidado del resto de la pared y la guardaran en lugar seguro, por sospechar que pudiera ser valiosa.

No podía imaginar hasta qué punto lo era.

La Piedra Rosetta, así llamada porque fue encontrada en las afueras de la ciudad de Rosetta (Rashid), 48 kilómetros al oeste de Alejandría, era un trozo de basalto negro de 114 centímetros de largo por 72 de ancho, una de cuyas caras estaba totalmente cubierta por signos de diferentes tipos.

Durante largos años numerosos investigadores intentaron descifrar esos caracteres, destacando en la tarea el inglés Thomas Young, pero hubo que esperar hasta 1821 para que un francés, Jean-François Champollion, coronara con éxito más de dos décadas de esfuerzos.

Dado que la inscripción inferior estaba en griego y podía ser perfectamente interpretada, Champollion, apoyándose en los trabajos de Young y aportando inteligentes ideas propias, pudo «traducir» las inscripciones media y superior, escritas, respectivamente, en demótico y en caracteres jeroglíficos.

El texto, posiblemente redactado por sacerdotes de Menfis, menciona una serie de beneficios concedidos por Tolomeo V (205-180 a.C.).

Pero esto es lo de menos; lo de más es que gracias a la Piedra Rosetta, y a Champollion que la descifró, pudo reconstruirse la maravillosa historia del Egipto de los faraones.

Pompeya y Herculano

La casualidad hizo que, a finales del siglo XVI, trabajadores a las órdenes del famoso arquitecto Domenico Fontana descubrieran las ruinas de Pompeya cuando construían un canal. Pero nada se hizo en esos tiempos para devolver la ciudad a la faz de la tierra.

En 1709, durante la ocupación austriaca, hombres del conde d'Elbeuf cavando en busca de agua dieron con algunos fragmentos de estatuas.

Felizmente el conde era hombre culto y ordenó continuar las excavaciones con sumo cuidado. Así pudo salir, casi intacto, a la luz el teatro de Herculano, en el que fueron halladas tres estatuas de mármol que representaban jóvenes mujeres.

Fueron regaladas a Augusto III, rey electivo de Polonia, quien las llevó a Dresden, donde pudieron ser contempladas y admiradas por su hija, María Amalia de Sajonia, por entonces una niña.

No había dejado de serlo —tenía trece años— cuando fue casada con Carlos VII, rey de las Dos Sicilias, nuestro futuro Carlos III.

Llegar a Nápoles y rogar a su flamante y regio esposo que ordenara iniciar las excavaciones en Herculano fue todo uno para María Amalia, a quien Carlos nunca pudo negar nada.

Así, entre el azar y el amor, la humanidad comenzó a recuperar las dos ciudades que una erupción del Vesubio hundió bajo un mar de lava el 24 de agosto del año 79 d.C.

El ejército fantasma

Fresca está todavía la impresión que en todo el mundo causó el descubrimiento de un ejército de miles de hombres que permaneciera oculto en ignotos subterráneos durante más de dos mil años.

En 1974 unos hombres que cavaban pozos no lejos

de la Gran Muralla china descubrieron, con la sorpresa que es de imaginar, que a seis metros de profundidad sus palas ya no encontraban tierra, sino vacío.

El primero que, ayudado por sus compañeros y con una linterna en su cinturón, se descolgó hacia lo desconocido debió de llevarse una de las impresiones más fuertes que ser humano alguno haya experimentado.

Porque, aún más fantasmales a la débil luz de la linterna, seis mil guerreros lo contemplaban en vigilante silencio.

Era el ejército fantasma del emperador Qin Shi Huandi, el constructor de la Gran Muralla, y que murió casi doscientos años antes del nacimiento de Cristo.

Sucesivas excavaciones, dirigidas por el gobierno chino, han mostrado a miles de asombrados visitantes todo el esplendor del ejército imperial.

La sala —si así puede llamarse— descubierta inicialmente mide 15000 metros cuadrados y alberga a seis mil soldados construidos en terracota y de tamaño natural, más seis cuadrigas. Todos en perfecta formación.

Un par de años más tarde salieron a la luz una segunda sala, de 8000 metros cuadrados y con mil cuatrocientos hombres y caballos en su interior, y una tercera, de menores dimensiones, con jefes en sus carros de combate y una escolta de setenta hombres.

Hay que destacar, como pudimos comprobar en una exposición realizada hace tres lustros en Madrid, que ninguna de las caras de los guerreros es igual a otra; además, son diferentes sus uniformes y hasta sus rasgos fisonómicos, que reflejan con sorprendente fidelidad las regiones de las que eran originarios.

Un descubrimiento fabuloso, casi increíble, debido al azar y ocurrido no hace todavía veinte años, y que tiene que servir de estímulo para seguir buscando.

Los rollos del mar Muerto

Sin duda el descubrimiento más importante realizado hasta la fecha en cuanto hace al conocimiento del pueblo hebreo en los tiempos de Cristo.

En marzo de 1947, Mohammed Ad-Dib, pastor de quince años, tuvo que correr en busca de un cabrito travieso. Tanto lo era que se metió en una cueva para escapar de su perseguidor. El chico, sin molestarse en entrar, arrojó unas piedras para asustarlo y obligarlo a salir, como así ocurrió, pero eso no fue todo.

Un ruido inesperado sorprendió al nada tonto pastor. Lo identificó como el que produciría algún objeto de cerámica al ser roto por las piedras. Y decidió entrar en la cueva para investigar.

Esto ocurría en los acantilados que bordean el mar Muerto por su lado noroeste; en Qumrán, doce kilómetros al sur de Jericó y a unos veinte de Jerusalén.

Cuando Mohammed traspasó la entrada de la cueva se encontró en un pequeño recinto en cuyo suelo había varias vasijas de pie con rollos de cuero que asomaban por sus bocas; trozos de otros recipientes y de rollos estaban diseminados entre ellas.

En la seguridad de que ese hallazgo podría interesar a alguien, lo que significaría dinero para él, Mohammed volvió al día siguiente con dos amigos y entre los tres se llevaron los rollos a Belén, donde los ofrecieron a un estudioso del Corán.

Este hombre advirtió de inmediato que los caracteres en ellos escritos no eran árabes y, creyéndolos siriacos, los envió a una comunidad siriaca ortodoxa de la ciudad. Los monjes, tras un examen superficial, apreciaron su importancia y enviaron a los tres chicos con los rollos al arzobispo de su comunidad, Yeshua Samuel.

Cuando los esforzados vendedores llegaron al monasterio en el que residía el prelado no pudieron pasar de la puerta, ya que el portero, ante sus astrosas apariencias y su sucia carga, les negó la entrada.

Los chicos se habían repartido los rollos y uno de ellos se fue con su parte a la Universidad Hebrea de Jerusalén, donde los adquirió el investigador E. Sukenik. Los otros dos volvieron a la comunidad siriaca inicial y esta vez sí fueron recibidos por el arzobispo, quien se apresuró a comprarles los cinco rollos que llevaban.

Yeshua Samuel valoró debidamente desde el primer momento la importancia de esos documentos, pero muchos expertos consultados les negaron la antigüedad que el arzobispo les asignaba, así que éste se puso en contacto telefónico con la American School of Oriental Research de Jerusalén.

Al día siguiente dos ayudantes de Samuel llevaron los tesoros a la institución y, por no hallarse presente su director, los entregaron a los investigadores John Trever y William Brownlee, lo que resultó providencial porque estos hombres fueron los que, convencidos como el arzobispo de su antigüedad, tomaron como propia la tarea de probarla.

Hicieron cuidadas fotografías de trozos de un rollo, copia del *Libro de Isaías*, y las enviaron a una de las máximas autoridades mundiales de la época en paleografía hebrea, el doctor William Albright, de la Universidad Johns Hopkins, en Estados Unidos.

Este erudito, casi «a vuelta de correo», comunicó a Trever y Brownlee que, sin posibilidad de duda ni error, los escritos habían sido realizados cien años antes de Jesucristo.

En esa ya histórica carta —fechada el 18 de marzo de 1948—, Albright afirmaba que el hallazgo de los rollos era «el mayor descubrimiento documental de los tiempos modernos».

Para medir su importancia, baste decir que los más antiguos documentos bíblicos que se conocían databan del siglo x de nuestra era. Es decir, mil años posteriores a los descubiertos en Qumrán.

Que los rollos hayan podido conservarse en muy buen estado durante dos mil años se explica por las singulares características del lugar donde fueron ocultados. Zona desértica, esas tierras están cuatrocientos metros por debajo del nivel del mar, y la sequía y el intensísimo calor son sus constantes.

Ya han pasado cuarenta y cinco años desde que el profesor Albright confirmó la antigüedad de los rollos y aún se sigue trabajando en ellos.

Porque, no bien saberse la buena fortuna de Mohammed y sus amigos, no quedó pastor, aventurero o beduino que no fuera a explorar las hasta entonces despreciadas grutas de Qumrán. Casi todos encontraron algo que vender.

Naturalmente, no sólo fueron pastores y beduinos los que se lanzaron a buscar. Dos serios investigadores, el profesor Harding, experto arqueólogo, y el padre De Vaux, director de la Escuela Bíblica y Arqueológica de Jerusalén, hicieron un exhaustivo estudio de la gruta original, la que ya se empezaba a llamar Qumrán 1, para más tarde extender considerablemente su área de investigación.

Por referencias de los excitados beduinos, pudieron llegar hasta las casi inaccesibles —y por eso inexploradas— grutas de Wadi Murabba'at, que resultaron ser otras cuevas de Alí Babá.

Aparte de gran cantidad de utensilios y hasta tejidos, los investigadores hallaron numerosos textos hebreos, arameos, árabes, latinos y griegos. El más antiguo de ellos fue escrito en el siglo VIII antes de Cristo y es un papiro palimpsesto cubierto por caracteres arcaicos.

Además de fragmentos de historia del pueblo judío y hasta un contrato matrimonial fechado en 124 d.C., en Wadi Murabba'at se hallaron también numerosos textos bíblicos; entre ellos versiones del *Génesis*, *Éxodo* y *Deuteronomio*, los que se creen escritos entre los siglos I y II de nuestra era.

Para todos los investigadores se hizo evidente que las cuevas de la región estuvieron habitadas durante los siglos anteriores y posteriores a Cristo.

En el caso de las de Qumrán, cuidadosas excavaciones realizadas a partir de los primeros años cincuenta han sacado a la luz la existencia de una comunidad hebrea, a la que se cree heterodoxa y por eso perseguida por las autoridades religiosas de Jerusalén. Para la gran mayoría de estudiosos, esa comunidad era esenia, grupo judío con inclinaciones esotéricas del que muy poco se sabe documentalmente pero cuyo estudio despierta el interés de los hebraístas.

Se hallaron restos de un edificio de grandes dimensiones, rodeado de otros más pequeños y de una necrópolis con alrededor de mil tumbas. Numerosas monedas y diversos utensilios permiten fijar con bastante exactitud el período de permanencia en el lugar de la comunidad: desde unos trescientos años antes de Cristo hasta alrededor del año 70 de nuestra era.

Vestigios de cenizas y puntas de flechas hacen creer que los esenios fueron violentamente desalojados de su monasterio por atacantes exteriores, casi con seguridad las legiones romanas de Vespasiano, que conquistaron y destruyeron Jerusalén.

Consecuencia lógica de esta violencia comprobada es suponer que fue ante la inminencia del ataque romano cuando los esenios ocultaron sus textos sagrados en las grutas de Qumrán, muy próximas al lugar de su monasterio.

Como hemos dicho, los textos encontrados en las sucesivas exploraciones son de índole muy variada, aunque predominan los religiosos; la mayoría copias de libros del Antiguo Testamento.

Pero hay entre ellos algunos que interesan de manera muy especial a los investigadores. Son los que, tratando sobre temas religiosos, no están incluidos en los textos sagrados de los judíos ni tampoco, obviamente, en los cristianos.

En los más interesantes de ellos, escritos —según comprobaciones con carbono 14 y otras modernas técnicas—, cien o doscientos años antes de Jesucristo, se habla de un «maestro de justicia» que luchará contra los enemigos de la verdad y morirá para después resucitar.

Muchos han visto en esta figura una premonición de Cristo, lo que reafirmaría aún más las tantas referencias que de su venida se hace en las Escrituras.

De todos modos, los rollos del mar Muerto, como

universalmente se los conoce, constituyen la más antigua prueba documental del pueblo judío y han arrojado la más potente luz hasta ahora conseguida sobre los misteriosos e interesantes esenios.

Gracias a su descubrimiento se han realizado exploraciones y excavaciones que han enriquecido notablemente museos y universidades y, como si todo eso fuera poco, gracias a ellos se ha podido probar documentalmente que el Antiguo Testamento fue escrito antes de la venida de Cristo al mundo.

Y todo ello gracias a un cabrito travieso y a un pastor responsable.

El azar, claro.

BIBLIOGRAFÍA

Balbín, José Luis, «El atentado contra Hitler», en *Siglo XX. La II Guerra Mundial*, Orbis, Barcelona, 1988.

Chamberlin, E. R., *Los Papas malos*, Orbis, Barcelona, 1988.

De la Cierva, Ricardo, *El Triángulo*, Planeta, Barcelona.

De la Cierva, Ricardo, *La Historia se confiesa*, tomo V, Planeta, Barcelona, 1976.

Delignac, M., «Daguerre y el origen de la fotografía», en *Historia y Vida*, núm. 59, febrero de 1973.

Dumas, Alejandro, *La noche de Varennes*, La Gaya Ciencia, Barcelona, 1975.

Enciclopedia Británica, 15.ª edición, Chicago, 1980.

Erlanger, Philippe, «¿Quién fue el padre de Luis XIV?», en *Historia y Vida*, núm. 58, enero de 1973, Barcelona.

González Cremona, J. M., *Bastardos Reales*, 3.ª edición, Planeta, Barcelona, 1992.

González Cremona, J. M., *Carlos V, señor de Dos Mundos*, 4.ª edición, Planeta, Barcelona, 1992.

González Cremona, J. M., *El Islam*, Producciones Editoriales, Barcelona, 1980.

González Cremona, J. M., *El Trono amargo*, 2.ª edición, Planeta, Barcelona, 1992.

Graves, Robert, *Yo, Claudio*, Alianza Editorial, Madrid, 1978.

Grete, Liliane, «Kennedy», en *Historia y Vida*, extra 5, Barcelona, 1975.

Herrero, Pablo, *Los documentos del mar Muerto*, Nauta, Barcelona, 1973.

Kedward, Roderick, *Los anarquistas*, Nauta, Barcelona, 1970.

Kohn, George, *Dictionary of Wars, Facts on File*, Nueva York, 1986.
Lefebre, G., *La Revolución Francesa y el Imperio*, Fondo de Cultura Económica, México, 1960.
Lozoya, Marqués de, *Historia de España*, Salvat, Barcelona, 1967.
Llorca, Carmen, *Isabel II y su tiempo*.
Montaigne, Michel de, *Ensayos completos*, Orbis, Barcelona, 1981.
Muntaner, Ramón, *Crónica*, tomo I, Ediciones 62, Barcelona, 1979.
Ortega y Gasset, José, *Obras Completas*, tomo 6, 1.ª reed., Alianza Editorial-Revista de Occidente, Madrid, 1989.
Parker, Geoffrey, «Si la Invencible hubiese desembarcado...», en *Historia y Vida*, núm. 140, diciembre de 1987, Madrid.
Perinat, Santiago, «La campaña de Africa», en *Historia y Vida,* extra 14, Barcelona, 1978.
Pichon, Jean-Charles, *Nostradamus, descifrado*, Plaza y Janés, Barcelona, 1972.
Roberts, Royston, *Serendipia*, Alianza Editorial, Madrid, 1992.
Soldevila, Ferran, *Jaume I*, Barcino, Barcelona, 1926.
Zweig, Stefan, *Momentos estelares de la Humanidad*, Juventud, Barcelona, 1967.
Weiss, J. B., *Historia Universal*, Tipografía de la Educación, Barcelona, 1930.

Colecciones de revistas de Historia y otras publicaciones periódicas

Elignac, M., «Daguerre y el origen de la fotografía», en *Historia y Vida*, núm. 59, febrero de 1973.

Índice onomástico

Impreso en Talleres Gráficos
DUPLEX, S. A.
Ciudad de Asunción, 26, int., D
08030 Barcelona